本书为国家自然科学基金重点课题"'互联网+'时代的教育改革与创新管理研究"(编号 71834002) 之成果

The Construction and Evaluation of Learning Environment for
Universities of the Third Age in the Internet Age

互联网时代老年大学学习环境构建与评估

许 玲　张伟远　著

人民出版社

目　录

前　言 ·· 1

第一章　老年终身学习理念与变革 ································ 1
第一节　老年教育到老年学习理念 ································ 1
第二节　老年学习价值理解的发展 ································ 7
第三节　老年学习成效的影响因素 ································ 9

第二章　国际老年大学的实践发展与理论研究 ··············· 14
第一节　国际老年大学实践发展 ································· 14
第二节　国际老年大学理论研究 ································· 20
第三节　世界老年友好大学实践 ································· 24

第三章　我国老年大学的实践发展与理论研究 ··············· 31
第一节　我国老年大学的发展历程与类型 ···················· 31
第二节　我国老年大学相关理论研究现状 ···················· 36
第三节　我国老年大学评价的理论与实践 ···················· 40

第四章　互联网时代老年学习需求与特点 …… 46
第一节　互联网时代老年群体学习价值的感知 …… 46
第二节　互联网时代老年群体学习需求与特点 …… 48
第三节　互联网时代老年大学供给服务的问题 …… 53
第四节　互联网时代老年大学供给侧改革方向 …… 56

第五章　互联网时代老年大学学习环境理论基础 …… 61
第一节　社会空间理论下老年大学学习环境 …… 61
第二节　老年友好城市理论下老年大学学习环境 …… 64
第三节　联通主义理论下老年大学学习环境 …… 68
第四节　成效为本理论下老年大学学习环境 …… 72

第六章　互联网时代老年大学学习环境内涵与基本特征 …… 79
第一节　互联网时代老年大学学习环境基本内涵 …… 79
第二节　互联网时代老年大学学习环境核心特征 …… 86
第三节　互联网时代老年大学学习环境建设逻辑 …… 88

第七章　互联网时代老年大学学习环境评估理论模型 …… 91
第一节　学习环境的基本要素与评估工具 …… 91
第二节　互联网时代老年大学学习环境实践要素 …… 108
第三节　互联网时代老年大学学习环境评估模型 …… 114

第八章　互联网时代老年大学学习环境测量量表 …… 120
第一节　互联网时代老年大学学习环境测量量表开发 …… 120
第二节　互联网时代老年大学学习环境测量量表应用 …… 139
第三节　互联网时代老年大学学习环境测量量表评价 …… 150

第九章 互联网时代老年大学学习环境现状与发展策略 …… 165
第一节 互联网时代老年大学学习环境现状评估 ………… 165
第二节 互联网时代老年大学学习环境评估差异 ………… 186
第三节 互联网时代老年大学学习环境主要问题 ………… 197
第四节 互联网时代老年大学学习环境发展建议 ………… 199

参考文献 ……………………………………………………… 211

附 件 互联网时代老年大学学习环境测量量表
　　　　使用指南 ………………………………………… 218

前　言

世界范围内人口老龄化趋势日益严峻,应对人口老龄化成为全球共同面临的挑战。世界卫生组织提出"积极老龄化"的社会倡议,鼓励老年人通过参与学习、继续就业及主动贡献等活动,丰富闲暇生活,提高生命质量。老年学习是构建服务全民终身学习体系的重要组成部分,互联网的飞速发展和在教育中的应用,使得优质学习资源实现共建共享,为建立灵活开放的终身学习社会提供了条件,促进了老年终身学习内涵和方式的转变。如何构建互联网时代老年终身学习环境,发挥老年人积累的知识、技能、能力和经验,提升老年学习的质量与成效,成为新时代的重要课题。

老年大学是开展老年学习的主要场所之一,国际上也称为第三年龄大学。世界上第一所老年大学于1973年在法国成立,1983年我国内地第一所老年大学——山东红十字会老年大学正式挂牌成立。在我国政府颁布的一系列老年教育的政策指导和鼓励下,老年大学在全国各地兴起,不同部门、行业企业、高校、社区等先后开办老年大学。《中国老年教育发展报告(2019—2020)》显示,截至2019年12月底,我国共有老年大学(学校)76296所,面向老年群体提供终身学习机会。

学习环境是学习者学习活动的空间场域,也是促进学习者完成学习的各类条件的综合。学习环境不仅关注宏观层面教育理念,更关注通过教育理念指导微观层面的学习方法、学习内容及学习评价等,进而保障学习质量和成效。对学习环境的测量是通过相应的指标体系提供可靠的数据对学习环境进行评价,不仅是学习环境建设的反馈,也渗透到学习环境建设中,发挥着检查、监督和推进的作用。基于国内外文献研究发现,对学习环境的测量目前主要集中在中小学的课堂学习环境、高等学校的校园学习环境以及远程开放的学习环境,对老年学习环境的研究非常有限,测量量表尚未开发。为了帮助老年大学诊断自身优势,针对性地改善学习环境中的要素,并为面向未来的可持续发展提供理论指导,本书开展老年大学学习环境的评估研究。

本书共分为九章。第一章是老年终身学习理念与变革。本章采用文献分析法,描述了老年教育伴随着全球终身教育理念的变革而不断发展,并逐渐转向老年学习;伴随着退出理论、活动老龄化理论、生产性老龄化和积极老龄化理论的变化,老年学习的价值也逐渐凸显,老年终身学习是实现积极老龄化的重要途径之一。老年学习成效综合地受到社会文化、物理空间、技术应用、教学内容、师资队伍以及学习方式的影响。

第二章是国际老年大学的实践发展与理论研究。本章梳理了国际老年大学的发展历程,分析国际老年大学三种办学取向,从供给单元、供给方式、供给内容及供给主体四个方面分析国际老年大学老年教育供给特点,采用文献计量分析法探究近10年国际老年大学研究的热点与趋势,综合比较世界典型老年友好大学的实践。

第三章是我国老年大学的实践发展与理论研究。本章基于文献和政策分析,探究我国老年大学的发展历程,对老年大学办学类型进行分类,结合已有研究,分析当前我国老年大学现状及存在的问题,从国内已开展的示范性老年大学的评估出发,对多个评估工具进行比较。

第四章是互联网时代老年学习需求与特点。本章对具有老年大学学习经历的老年群体进行访谈,从实践角度探究老年群体对终身学习价值的感知,分析互联网时代老年群体终身学习特点,从需求和供给角度出发理清当前老年

前　言

大学教育服务供给存在的问题，为构建老年大学学习环境理论框架奠定基础。

第五章是互联网时代老年大学学习环境理论基础。本章综合分析社会空间理论、老年友好城市理论、联通主义理论和成效为本理论四个理论，从不同角度为构建互联网时代老年大学学习环境奠定了理论基础。

第六章是互联网时代老年大学学习环境内涵与基本特征。本章基于前五章的分析，通过理论演绎方式，综合分析归纳出互联网时代老年大学学习环境的内涵与基本特征，是构建互联网时代老年大学学习环境评估模型和工具的基础。

第七章是互联网时代老年大学学习环境评估理论模型。本章基于文献研究，从理论层面初步构建老年大学学习环境评估维度与指标，从实践角度对构建的老年大学学习环境评估维度进行论证，理论与实践并置，形成互联网时代老年大学学习环境评估理论模型。

第八章是互联网时代老年大学学习环境测量量表。本章采用标准化量表的开发流程，通过效度论证、前导研究、量表主测量、量表认证、模型验证及常模确定，最终形成的互联网时代老年大学学习环境测量量表包含8个维度共78项指标，具有一定的信度和效度，开发在线测量平台，实现测量数据自动统计和常模动态更新。

第九章是互联网时代老年大学学习环境现状与发展策略。本章采用开发的互联网时代老年大学学习环境测量量表，面向1923名老年学习者开展老年大学学习环境测量，通过描述性分析和差异性分析，分析当前老年大学学习环境的现状及存在的问题，并提出发展建议。

本书在构建的互联网时代老年大学学习环境理论模型的基础上，开发了老年大学学习环境测量量表，构建的理论模型能够为筹备建设中的老年大学提供参考，开发形成的测量量表是老年大学学习环境自我诊断的重要工具，能够测量老年大学学习环境状况，为现有的老年大学建设提供诊断性建议。作者期望通过对老年大学学习环境的测量和分析，为改进和提升互联网时代老年大学学习环境提供科学的参考和依据,助力我国老年教育高质量和可持续发展,加快实现构建服务全民终身学习的高质量教育体系。

衷心地感谢北京师范大学教育学部陈丽教授、冯晓英教授、郑勤华教授、谢浩博士的指导,给予了许多宝贵的意见。感谢北京开放大学殷丙山教授、吴亚婕副教授,北京教科院沈欣忆副研究员、林世员博士,成都开放大学刁元园副校长、张俊辉主任,江苏开放大学张璇处长、王铮副院长在数据收集阶段给予的帮助,感谢人民出版社的全力支持和出版工作。

限于作者水平,书中难免存在疏漏和不妥之处,恳请广大读者、老年教育研究专家批评指正。

许 玲

2022 年 4 月 30 日于南京

第一章 老年终身学习理念与变革

随着终身教育理念向终身学习的转变,老年教育逐渐转向老年学习,老年教育不再只是福祉性的社会活动,而是赋予了老年人个人内向性发展和外向性发展的重要意义。在积极老龄化理念下,老年学习动机主要包含社会交往、兴趣爱好、社会贡献、个人发展和教育后辈等。

第一节 老年教育到老年学习理念

终身教育的理念可以追溯到我国 2500 多年前的孔子(公元前 551—公元前 479 年)提出的教育理念,孔子说,"吾十有五而志于学,三十而立,四十而不惑,五十而知天命,六十而耳顺,七十而从心所欲,不逾矩"(《论语·为政》),表明了个体终身学习的重要性。1965 年,西德的教育与老年学者米克斯(Mieskes)提出老龄教育学,德文是 geragogices,是指老化及高龄者的教育学。[①]

一、全球老年教育伴随着终身教育理念的变革而不断发展

1972 年,联合国教科文组织发布了《学会生存——教育世界的今天和明

---

① 魏惠娟:《台湾乐龄学习》,台湾五南图书出版股份有限公司 2012 年版,第 3 页。

天》，报告提出了"终身教育"的概念，号召全球的教育改革朝着为公民提供纵向贯穿生命始终、横向拓展范围的终身教育的方向去努力，更好地适应科学技术迅猛发展带来的生产和社会带来的变化[①]，终身教育开始受到全世界的关注。

1982年，第一届老龄问题世界大会在奥地利维也纳举行，会议提出了《1982年老龄问题维也纳国际行动计划》，将教育列入老龄社会关切的问题之一，第46条建议提出"按照联合国教育、科学及文化组织提出的终身教育的概念，应当促进制订各种非正式的、以社区为基础的老年人休养教育方案，以便帮助他们树立自力更生的思想和对社会的责任感"[②]，这种方案得到各国政府和国际组织的支持。

1990年，世界教育大会在泰国宗滴恩召开，联合国教科文组织（UNESCO）提出了"全民教育"（Education For All）倡议行动，其目的是满足全球范围内的儿童、青年和成年人的教育需求，拓展教育的受众面。在UNESCO的倡议下，社会弱势群体之一老年群体的教育受到了人们的关注，人们对于老年教育和老年学习者的特征认知逐步加深。

2002年，第二届老龄问题世界大会在西班牙马德里召开，会议通过了《政治宣言》和《2002年马德里老龄问题国际行动计划》。在《政治宣言》中强调"老年人只要愿意并有能力，应一直有机会工作，从事令其满意的生产性工作，同时继续有机会参与教育和培训方案"。会议对老年教育提出了行动建议，如鼓励和倡导开展老年人和老龄职工识字、算术和技术技能的培训，使得老年人有受教育的机会。教育和学习被视为是促进社会参与的重要因素，并使老年人在日益变老的过程中享受积极的生活质量。终身学习和继续教育能

---

① 联合国教科文组织、国际教育发展委员会：《学会生存——教育世界的今天和明天》，教育科学出版社2017年版，第179页。

② 联合国老龄化议题：《1982年老龄问题维也纳国际行动计划》，1982年7月26日，见https://www.un.org/chinese/esa/ageing/vienna3_3.htm。

够让老年人与科学技术的进步保持一致的步伐,并通过加强他们的自立、自给自足和在身体、健康及社会关系方面的应对策略来维持他们的生活质量(Ardelt,2000)。

2015年,世界教育论坛在韩国举办,联合国教科文组织发布了《2030年可持续发展议程》,规划了全球未来15年可持续发展的总目标(Sustainable Development Goals,简称SDG)。在17项可持续发展目标中,第4项是"确保包容和公平的优质教育,让全民终身享有学习机会"的教育目标(United Nations,2015;陈铭霞,2018)[1]。在此基础上,联合国教科文组织发布了《教育2030行动框架》,强调通过终身学习增加或扩大教育机会,保证全纳与公平、教育质量和学习成果,终身教育的理念逐渐转向终身学习,在保障教育机会的同时,更加关注教育的质量和成效。作为终身教育组成部分的老年教育,是实现教育可持续发展目标的重要内容。

2017年联合国教科文组织出版了《反思教育:向"全球共同利益"的理念转变》,重申人文主义教育方法,"在教育方面强调要将受到歧视的那些人包容进来——妇女和儿童、土著人、残疾人、移民、老年人以及受冲突影响国家的民众"(联合国教科文组织,2017)[2]。世界组织一方面倡导教育公平与包容性,另一方面倡导个人要确立终身学习的理念,不同国家的政府、教育机构、组织在人才培养目标的确定中,都积极培养个体成为终身学习者,以应对变化中的未来挑战。

全球老年教育的理念是伴随着终身教育的理念发展起来的,老年终身教育也逐步转向老年终身学习,从关注为老年群体提供教育的机会发展到促进老年群体高质量的学习,越来越多的研究关注老年人为什么学习、学习什么以

---

[1] United Nations:17 Goals to Transform Our World,2015年5月19—21日,见https://www.un.org/sustainabledevelopment/。

[2] 联合国教科文组织:《反思教育:向"全球共同利益"的理念转变》,教育科学出版社2017年版,第2页。

及如何学习。

二、老年教育逐渐转向老年学习

关于老年教育的内涵,我国学者有不同的解释和关注点,综合见表1-1。

表1-1 国内学者对于老年教育的定义

年份	学者	内容	目的
2004	吴遵民	老年教育使得老龄群体有权利去获得他们终身所需要的全部知识、价值、技能,并在任何任务、情况和环境中有信心、有创造性和愉快地应用它们	学习权利
2009	王英	老年教育是老年人提高自身生命质量和生活质量,适应时代和社会需求的素质教育活动	提高生命和生活质量
2013	叶忠海	老年教育是终身教育体系中老年阶段一切教育的综合,包括不同性质、不同类型、不同层次、不同形式	老年教育的多元性
2014	杨庆芳等	老年教育发挥杠杆联动作用,促进老龄化问题解决	解决老龄化问题
2017	毛建茹等	以老年人为教育实践主体,以满足老年人的精神文化需求为教育目标,以提升老年人生活质量为最终评价尺度的综合社会教育	提升老年人的生活质量
2019	程仙平	老年教育是以老年人基于对老年人生理和心理发展特征和规律的基本认识的前提下,以满足老年人精神文化生活需求的综合性社会教育,包括正规教育、非正规教育以及非正式学习	满足老年人精神文化生活需求

从表1-1可以看出,我国学者提出的老年教育定义的重点不同,主要有4个方面:一是强调老年人的学习权利;二是解决老龄化问题;三是提升老年人的生活质量;四是满足多元的老年需求。以上对老年教育的定义从不同方面进行了阐述,随着社会经济的高速发展和医疗条件的改善,我国老年人的寿命随之增长,在老龄化社会中促进老年人的终身学习,不只是提高老年生活质量,而且要发挥老年人已有的知识经验,通过继续教育和终身学习,为社会经济发展做贡献。同时,随着"互联网+教育"对教育的组织模式、服务模式和管理模式的改变,老年教育的管理、学与教、评价体系也应发生相应的变化。

老年学习的动机转变大致经历了三个阶段,分别是满足物质需求下追求健康与娱乐的学习,满足精神需求下促进个人发展的学习,满足文化需求下作出社会贡献的学习(见表1-2)。

表1-2　老年学习动机的演变

类别	阶段一	阶段二	阶段三
社会背景	物质需求	精神需求	文化需求
指导理论	本能论、驱动论、诱因论	成就动机理论	社会交互理论
主要动机	闲暇娱乐 身心健康	实现梦想 学习知识 快乐	教育后辈 社会参与 个人发展
主要影响因素	生理	生理与心理	生理、心理和社会
学习载体	老年大学	老年大学、社区	老年大学、社区"互联网+"

(一)满足物质需求下追求健康与娱乐的学习

早期老年学习动机受到本能论、驱动论、诱因论的影响,老年动机主要受生理因素影响,体现为保持身心健康。张伟远等(2002)选择了香港14个长者中心,调查了263位老年人,发现大部分的老年学习动机在于使闲暇生活过得更充实,保持大脑灵活,认识新朋友和扩大社交圈子,以及培养个人兴趣。

(二)满足精神需求下促进个人发展的学习

随着社会的发展,老年人的学习需求在社会交往和社会关系中发生改变,李雅慧等(2014)认为老年人的学习动机包括因个体老化而学习(促进年老的健康而学习);目标及学习取向的学习动机(获得更多的知识与学位);兴趣导向的学习参与;想要离开职场工作而参与学习(工作劳累或乏味);基于志愿服务的需求而开始学习(把志愿服务作为退休后想工作的领域);反思生活现况后开始学习(摆脱无重心的退休生活)。布兰登·刘易斯(Boulton-Lewis)等(2015)采用问卷调查法发现老年人学习最主要的动机是保持大脑活跃,使用大脑,训练思维,保持心理健康。老年人自己给出的学习重要原因是"保持大脑活跃并享受挑战"。

(三)满足文化需求下作出社会贡献的学习

研究人员采用内容分析法,选择英国开放大学 FutureLearn 平台上一门名为"成功老龄化"的 MOOC,对其在线论坛中"自我介绍"这一讨论话题下的235条评论进行分析,发现老年人对于 MOOC 课程的学习动机,包括六个方面,分别是解决问题、获得知识、提高认知、寻求乐趣、其他益处和社交联系(Xiong & Zuo,2019)。

斯利彭贝克(Sliepenbeek,2019)对参加本科生课程项目的老年人进行调查,发现老年人学习的动机主要是个人规范和价值观,体现在负责任的生活态度、贡献和自我决定;学习的意义主要包括个人代际教育、个人发展、保持健康、快乐、被欣赏的感觉和被社会关注、与社会联结的感觉六个方面。

在互联网时代老年学习不再是到了退休年龄才开始的活动,而是与社会深度融合,通过学习更好地进行社区参与、教育后辈等活动,与人们的生活深度融合,互联网时代老年人终身学习是成长式和伴随式的,老年人的学习动机具有更强的内生性,体现为快乐、被欣赏的感觉、被连接的感觉。

老年学习环境不仅仅是为老年人提供课程资源、场所和师资,要关注不同的老年人的需求,尤其是老年人追求社会参与、贡献、自我实现、自我负责这类高层次的需求,这点为老年大学学习环境的建设提供参考依据。值得指出的是,信息技术已经成为促进老年群体终身学习的重要因素,许多老年人具备了开展基于网络学习的硬件设备,也倾向于使用互联网开展正式或非正式的学习(乔爱玲等,2019)。

本书认为互联网时代的老年教育要以信息技术为支撑,以社区为依托,为老年人提供灵活的学习方式,以满足老年人多样化学习需求,与社会形成良好互动关系,最终使得老年人实现知识获取、技能提高、精神慰藉和人生价值。

第二节 老年学习价值理解的发展

自20世纪60年代起,随着研究者对老年教育作用认识的不断加深,形成了不同的老年教育理论,主要包括退出理论、活动老龄化理论、生产性老龄化理论、积极老龄化理论,不同的理论折射出社会对于老年终身学习的多样化价值理解。

一、退出理论

柯明斯等(Curnmings等,1961)提出了退出理论(Disengagement Theory),认为老年人由于生理功能下降,社会参与能力降低,逐渐减退或丧失生活中多重角色,社会成员在进入老年期后需要在社会中转变为次要的角色,主动逐渐脱离社会。这种老龄化理论主要源于战争时期或工业化时代初期,对劳动力人口的认识,造成对年轻人口的重视,老年人因劳动力下降被视为负担,因而也导致消极老龄化的出现。外界社会环境并不鼓励甚至反对老年群体的学习,在这一阶段老年学习并不受重视。

二、活动老龄化理论

活动老龄化理论(Activity Theory of Aging)又称内隐化理论,它认为个体活动的水平与生活自我满足之间存在正向关系,活动老龄化理论强调老年人应该积极参与,只有通过参与,才能使老年人重新认识自我,保持生命的活力,提高生活满意度(Knapp,1977)。活动老龄化摆脱了消极老龄化的悲观思维,鼓励老年人参与到教育活动中,老年学习是社会参与的重要形式,是满足闲暇生活的需要,焦点是促进身心健康,生理因素是影响老年学习的重要因素。老年人的学习主要关注书画、音乐、舞蹈、艺术等闲暇内容,以满足老年人的兴趣或爱好,也使得老年人实现年轻时未完成的梦想。

三、生产性老龄化理论

生产性老龄化理论(Productive Aging)出现在20世纪90年代的美国,美国《新机会》(*New Opportunities For*)报告指出"在20世纪50年代,工作者和退休者的比例是7∶1,到2030年,随着老年人口和退休人口的增多,工作者和退休者的比例将降到3∶1,因此必须考虑让老年人在工作场所发挥生产力贡献作用"(Committee for Economic Development, Research and Policy Committee, 1999)。生产性老龄化强调老年人具有社会资本、经验传达和文化传承等方面的优势,可以作为丰富的社会资源继续为社会发展做贡献,这也是成功老龄化内涵的进一步丰富。老年人终身学习是自身能力构建的过程,是继续参与经济工作的需要,这也与我国老年人继续社会化的观点类似,即老年人可以继续发挥余热,转变新的社会角色,承担新的社会责任和义务(张春华等,2019)。

四、积极老龄化理论

1999年,世界卫生组织提出"积极老龄化"(Active Aging),指出老年人应具有参与意识,要积极面对晚年生活,作为家庭和社会的重要资源,他们可以通过社会参与来提高晚年物质生活和精神生活,以实现自我的人生价值,为社会发展持续发挥余热,并尽可能长久地保持生理、心理、智能等方面的良好状态。2002年世界卫生组织发布了《积极老龄化:政策框架》,文件指出"积极老龄化是为了改善和提高老年时生活质量,尽可能使健康、参与和保障的机会获得最佳的过程"。积极老龄化框架包括健康、参与和保障三方面内容,健康是指生理、心理和社会的完美状态,保持身心健康,提高预期寿命;参与是指参与劳动、社会、经济、文化、精神和公民事务方面的一系列活动;保障是指老年人的收入保障、良好的物理和社会环境、有尊严的工作(World Health Organization,2002)。在积极老龄化理论的影响下,老龄化不再是负面的象征,老年人可以成为一个终身学习者,通过学习能够更好地参与社会、教育后辈和促进个人发展,提高生命质量。

从老年终身学习的价值和老年学习需求两个方面对以上四种老龄化理论进行分析与比较,综合见表1-3。

表1-3 老年学习作用的研究

理论	老年终身学习价值	老年终身学习需求
退出理论	无用	忽视
活动老龄化理论	闲暇生活	身心健康
生产性老龄化理论	人力资本	社会经济发展
积极老龄化理论	社会贡献	社会参与、个人发展、教育后辈

从表1-3可以看到,老年教育的发展经历了消极老龄化理论,到促进身心健康的活动老龄化理论,再到促进经济发展的生产性老龄化理论,最后形成积极老龄化理论。在积极老龄化视角下,老年学习具有社会参与、个人发展、教育后辈三大主要作用。积极老龄化理论为社会和老年群体个人如何更好地应对老龄化提供了思想指导和行动指南。

第三节 老年学习成效的影响因素

通过对国内外已有研究的整理,归纳影响老年学习成效的外部因素主要包括以下六个方面,分别是社会文化、物理空间、技术应用、教学内容、师资队伍及教学方式。

一、社会文化方面

司徒尔纳(Sturner,1972)指出,校园物理环境的设计与建设,是对大学使命的补充和加强,校园空间不仅要反映和支持一般的学习过程,还应体现在其中的人的独特价值观和愿望。老年学习是一种社会性学习,社会文化因素对学习者的认知与情感产生重要影响。里卡多和波尔卡雷利(Ricardo 和 Porcarelli,2019)以案例的形式介绍了葡萄牙的一所第三年龄大学,学校设计有自己的徽章,创作有独特的旗帜、诗歌等,这些形成了一定的校园文化,增强了老年学员的归属感。新西兰的第三年龄大学也是一个充满活力并与时俱进的老年人学习组织,消除了许多传统正规学习存在的参与障碍,老年人以自由参与的方式融入社交网络(白炳贵等,2020)。

二、物理空间方面

物理的学习空间是老年大学学习环境的要素之一,塔尔梅奇(Talmage,2015)研究发现学习空间大小成为吸引老年人入学的显著性因素,如果提供同样课程的不同场所,学习空间大的地方,招收的老年学员更多。通过加强不同年龄层的人群交互以及对空间细节的塑造,弱化空间对人的"程式化",消除"趋老化"暗示,能激发老年人的学习热情,不断拓展教学空间,深化、新增了网络化教学与情境化游学模式,利用发达的交通及通信实现知识的"脱域"与"再嵌入",突破了传统适老性高等教育的时空局限(李伟等,2014)。

三、技术应用方面

技术为教育新范式的产生和发展起到了强劲的催化作用,尽管老年人与年轻的成人相比,先进信息技术的使用能力薄弱,但是已有研究表明老年人参与移动学习的积极性很高(Chen 等,2008;O'Brien 和 Rogers,2013),马文・福尔摩沙(Marvin Formosa,2012)指出信息技术的运用扩大了老年人学习的参与度。朱晓雯等(2019)指出随着数字化、信息化的深入发展,网络化教学成为国际适老性高等教育的最主要模式。莱(Lai,2018)对中国台湾238名老年人调查后,采用路径分析模型预算预期绩效、预期努力、社会影响和促进条件对教学方式的影响,结果显示当老年人了解信息技术的易用性和有用性后,在成本可负担且带来满足感时,老年人对信息技术进行学习具有明确的需求,信息技术对老年人学习方式的转变成为重要趋势。常等(Chang等,2015)采用准实验研究的方法,探究对老年人开展平板电脑和相关软件使用的培训是否能改善老年人的认知功能。研究分为实验组和对照组,对实验组开展了持续3个月的平板电脑使用的培训,每周15个小时;对照组不做任何培训,研究结果证明了就平板电脑使用培训而言,改善了老年人对情节记忆与处理的速度,提高了老年人的认知能力。

四、教学内容方面

老年大学的教学内容依托不同的课程,课程是老年大学的重要学习载体。维勒(Villar,2012)提出,第三年龄大学课程不仅要提供知识,也要根据学习者的需求提供相应的技能性课程,考虑到老年群体生活能力的发展。巴西老年大学的课程类别包括:艺术与文化、健康教育、通识知识和外语、信息传播技术(ICT)、老年政策学、旅游休闲及体育健康,其中体育健康是其特色,通常教师来自普通高校,鼓励老年人从健康出发走向积极老龄(Nascimento和Giannouli,2019)。澳大利亚第三年龄大学的课程一方面体现了多样性与开放性,涵盖了写作、音乐、摄影等,另一方面体现了灵活性与协调性,学员可以灵活选择适宜的时间段,合理安排时间,选择感兴趣的课程(欧阳忠明等,2019)。

五、师资队伍方面

剑桥老年大学的发起者莱斯特(Leslett,1989)曾指出,教育别人的人,也成为受教育者,学习知识的人也要成为教师。国外对于老年大学的教师有两种态度,一种是认为教师对老年学习影响重大,强调老年教育的教师需要具有专业性,因此十分重视教师的专业化发展,例如在欧盟,对老年教育师资进行培养以促进其专业化发展,对老年教育师资的培养主要以项目的形式进行,具有极强的针对性(朱晓雯等,2019)。另一种是追求人人为师,并不强调教师的专业性,例如英国第三年龄大学发展之初就建立了"自助学习,互动开展"的模式,老年人聚在一起,不设准入条件,各自分享技能与经验。黄(Huang,2006)指出,英国第三年龄大学的教师如果十分专制,则会破坏老年大学追求的自由,甚至导致老年人没有机会从过去的经验中发现生活的意义和内涵。

六、教学方式方面

杜伊和布莱恩(Duay 和 Bryan,2008)对 64 岁以上的老年人进行半结构化访谈,结果显示知识渊博、尊重学术、风趣幽默且不以考评为目的的正式课堂学习是最受老年人欢迎的方式。学习小组作为重要的学习方式备受老年人的推崇,台湾老龄化学习中心十分鼓励老年人通过组建学习服务团队、互助交流和实践帮扶的方式进行学习,鼓励老年人参加学习(Lee,2018)。许多老年大学也开展了讲座、短期培训、观摩等活动,近年来我国短期游学的形式成为老年教育的重要学习范式,老年游学项目优化了老年教育供给形式,创新了老年教育形式,将课堂转换到田间野外、文化名胜、历史古迹,较好地迎合了社区老年学习者的需求和学习习惯(景圣琪等,2018)。

小　结

互联网时代老年学习的内涵需要重新界定,老年教育要充分考虑老年人已有的智慧和经验,学习内容不再局限于闲暇内容,方式不局限于传统的面对面课堂学习方式,通过线上虚拟社区和线下实体社区,将老年人转变为积极主动的终身学习者,为社会发展作出贡献。

通过文献梳理发现,社会文化、物理空间、技术应用、教学内容、师资队伍及教学方式是影响老年学习成效的重要外部因素,以互联网为核心的信息技术的发展,推动了社会文化、老年学习内容、学习方式的变化,带来了教学模式、组织模式和管理模式的变革,对老年教育的教师也提出新的要求,在实践中往往这些因素并不是发挥单一的影响作用,而是彼此之间相互影响,因此形成整合的视角十分必要。

第二章 国际老年大学的实践发展与理论研究

老年大学在国际上也称为第三年龄大学(University of The Third Age, U3A),国际老年大学实践起步早于我国,其教学模式、管理模式、组织模式等能够为我国老年大学的发展提供经验,下文中所述国际老年大学统指国际第三年龄大学。

第一节 国际老年大学实践发展

一、国际老年大学发展历程

国际上老年教育始于19世纪60年代,由法国图卢兹大学政治经济学教授皮埃尔·维拉斯(Pierre Vellas)提出为老年人提供到大学进行暑期学习的机会(Groombridge,1992),于是他为退休人员开办暑期学校,利用大学的设施开展主题讲座、小组讨论、研讨会等(Radcliffe,1982)。暑期学校深受老年人的喜爱,许多老年学员提出能否在学期内而不是暑期中也开展面向老年人的教育课程的学习诉求(Williamson,1995),于是,维拉斯教授开始找教室、邀请主讲教师及辅导教师,在暑期学校基础上扩展到一个完整学年的课程项目。

第二章　国际老年大学的实践发展与理论研究

1973年,法国图卢兹老年大学(Tolouse University of Third Age)创立,成为国际上第一所老年大学。法国老年大学一般都是依托普通高校,由普通高校的教师授课,经费来源主要是政府资助,可以说是普通高等教育向老年群体的拓展。

1980年,英国剑桥创办老年大学,并很快在英国其他城市和乡镇兴起(Formosa,2012)。英国老年大学的办学模式是由老年人自己组建兴趣小组,课程通常没有预先确定的教学大纲,内容是学员自己选择的主题和活动,每个老年人都可以轮流成为教师,学习小组活动地点在公共场所或者在学员家里,学习小组不仅是自我管理,而且是自己筹集资金,仅有少数获得了政府的资助,形成独特的英国模式。在英国,目前已有1050所老年大学,超过440000名学员。黄(Huang,2006)访谈英国不同地区的老年大学的15名管理者,探讨英国老年大学没有追随法国模式的原因,通过分析英国老年大学与普通高校、与当地政府的关系,以及老年大学的学术标准,发现英国老年大学并没有与普通高校建立密切联系,也没有与当地政府建立密切联系,且不追求高学术标准,根本原因是英国的老年大学追求人本主义价值取向,强调老年学习是为了帮助老年人通过个人生活回顾去发现生命意义,从而更好地生活,而不是追求知识的获取或者人生价值的实现。

日本属于进入人口老龄化较早的国家,教育行政部门和社会福利部门都负责管理老年教育活动。日本实施老年教育的途径有很多种,较为著名的有高龄者教室、长寿学园或老人大学等。高龄者教室是为提高老年人的社会适应能力,提供学习机会而开设的讲座,以招收60岁以上的高龄者为对象,学习时间一年最多20小时,学习地点通常在公民馆、老人福利中心、公共礼堂等,其学习内容包括理解社会变化、理解年轻一代、维持健康、培养兴趣、参加社会服务活动等。日本文部省推动的长寿学园或老人大学也是一种重要的老年教育形态,其目的是培育地区高龄者活动的领导者。当学员修满20学分就可以颁发修业证书,认定其具有地区终身学习领导者资格,并被录入人力银行(李清,2010)。

1997年,国际第三年龄大学协会(International Association of Universities of the Third Age,IAUTA)成立,通过网络鼓励全球老年大学之间增强国际联系。IAUTA成立了教育委员会,面向协会的成员定期开展圆桌讨论或工作坊活动,传递和分享关于大学老龄建设的理念与实践创新,随后也建立起亚太地区的第三年龄大学联盟(Asia-Pacific Alliance of Universities of the Third Age)。

1998年,澳大利亚成立在线老年大学(U3A Online),是世界上第一个通过在线学习的老年大学(Swindell,2002)。U3A Online是一个独立、自治的第三年龄大学,为老年人提供了很多资源,尤其是老年学、健康学和社会学的知识。

除了法国和英国的传统模式,还有4类其他老年大学模式,分别是"文化混合模式""北美法语区模式""南美模式""中国模式"(Formosa,2014)。其中"文化混合模式"包含了法国和英国的元素,以芬兰为例,依托当地大学的项目,但是又依赖当地老年人的学习群组。"北美法语区模式"以加拿大为典型,开始是普通高校的一部分,后来与普通高校的界限逐渐模糊,典型的就是为第三年龄大学结业学员发放学士学位证书。"南美模式"与法国模式非常接近,但是表现出对老年人口中最贫困和最弱势人的强烈关注,而法国模式的价值取向往往是精英的。"中国模式"是教师既有受人尊敬、获得酬劳的教师,也有没有任何酬劳的老年或者年轻志愿者。

二、国际老年大学认识取向

国外对老年大学的认识主要有三种取向,第一是普通高等教育向老年群体延伸的取向,典型的是法国模式;第二是自主自治的取向,典型的是英国模式;第三是社会融合的取向。

普通高等教育向老年群体延伸的取向是一种自上而下推进老年教育的过程,其优点是具有政策和外部行政力量的支持,能够提供给老年学习者优质的学习资源和学习服务,其不足在于往往强调精英性,学习的内容通常是具有一定结构的课程,重视学习结果和学习评价,一些学者对此产生了批判。福尔摩沙(Formosa,2012)通过调查发现马耳他的老年大学中参与率较高的是领取养老金和早期退休人员,女性学员占了大部分,造成一定的性别不平等,此外老年大学中学习进度、学习成就感、迎合教师等也会带来很多社会心理学负面效应。

自主自治的取向在理念上并不追寻高等性、学术性及规范性,而是尊重人本性,是一种自下而上的老年学习实践。在实践中,通常是由老年群体自我发起并组织学习活动,没有固定的场地、教师及资金支持,学习形式体现出非正式的特点,能够更好地满足人类生命周期不同阶段、不同群体(包括贫困者、农村居民以及文化程度较低的个体)的学习需求,其不足在于教学运行缺乏体系,缺乏质量保证。

社会融合的取向强调老年大学是既遵循高等教育的办学规律,立足办学质量,又以社区为基础,为老年人提供自主权、自我接纳及个人成长的非正式学习环境,以帮助老年人更好地融入到社会中。以泰国为例,泰国教育部采取提供非正规教育、职业教育、生活技能和个人发展课程,与社区融合的策略发展老年大学(Ratana-Ubol 和 Richards,2016),社会融合的取向也较符合我国社会特点。

三、国际老年大学教育供给

(一)供给单元:老年学历教育与非学历教育逐渐融通

受不同国家的社会、经济和文化的影响,国外一些老年大学开始探索为老年学习者提供学历教育,并提供相应的学位证书,将学历教育与非学历教育融通。加拿大老年大学开始是普通高校的一部分,伴随着发展进程加速,与普通高校之间的界限逐渐模糊,老年大学可以向老年学习者发放学士学位证书

(Formosa,2014)。瑞典取消了大学的入学年龄条件,全国的大学都能对老年人开放,这就使得瑞典的老年教育与正式高等教育相互融合,老年学员在瑞典高校中的比例很高,其中55岁以上的老年在校生的比例为20%左右,65岁以上的老年学员比例为10%以上,老年人可以进入高校跟班学习,按规定获取学分并取得相应的学位证书(卢德生等,2017)。在日本,以日本放送大学为例,主要面向老年群体提供学历教育和非学历教育,日本放送大学学历教育不仅包含专科、本科,也包含研究生阶段教育,满足了不同层次的老年学习需求。

(二)供给方式:网络环境成为老年终身学习重要场景

以互联网和人工智能为核心的现代信息技术的飞速发展,对人们的生活与学习都产生了重要影响,同样辐射到了老年群体,对老年人而言,终身学习的内涵逐渐从过往学习机会的补偿、适应快速发展的社会变化以更好生存,转向为丰富生活意义、升华生命质量做好准备,学习不再是老年人退休或者迈入特定年龄以后才开始的活动,而是已经与人们的生活深度融合,与社会深度融合。金(Jin,2019)通过对28项老年人使用移动设备开展非正式学习的研究进行元分析,发现老年人扩大了每天对移动设备的使用,用于购物、Facebook、检查金融账户,移动设备还促进了老年人的协作学习,老年人可以通过协作活动分享信息和感受、发展他们的知识、扩大社交关系。互联网和移动技术的发展为老年人的学习提供了便利条件,网络学习环境成为老年人终身学习的新场景,能够极大地满足老年人日益增长和提升的学习需求。1998年,澳大利亚成立在线老年大学(U3A Online),是世界上第一个通过在线学习的老年大学。老年大学搜索(Find a U3A)也是最有名的资源共享平台,持续为澳大利亚和新西兰的老年大学提供免费资源(欧阳忠明等,2019)。

(三)供给内容:以老年学习者需求为导向的多元课程

老年大学的教学内容依托不同的课程,课程是老年大学的重要学习载体,老年大学课程不仅提供知识,也考虑到老年群体生活能力的发展,根据学习者的需求提供相应的技能性课程。法国老年大学不仅提供发展兴趣爱好的休闲课程,也有为退休后再就业提供帮助的专业技能课程,塔尔梅奇等(Talmage等,2016)通过考察不同课程的注册率分析全球化背景下老年人对教学内容的需求,他搜集了美国某终身学习机构4个学期7332名老年人所注册290次课程的数据,结果表明老年人对全球问题、宗教哲学及特定群体或个人的社会问题等相关内容更感兴趣,体现了老年大学的课程内容具有时代性特点。美国的老年教育中开设有死亡课程、重新树立老年人形象的课程。澳大利亚在线老年大学(U3A Online)也提供多元的课程,包括五个方面:世界事务与历史(18门);自然(5门);写作与创造性(16门);生活方式(15门);科学(14门)。

(四)供给主体:与社区、高校形成互动开展代际学习

国际老年大学在教师遴选上体现了开放性原则,英国老年大学发展之初就建立了"自助学习,互动开展"的模式,老年人聚在一起,不设准入条件,各自分享技能与经验,也让老年群体有机会从过去的经验中发现生活的意义和内涵。国际老年人学广泛地与社区和高校互动,增加老年群体与社会的融通。布兰登·刘易斯(Boulton-Lewis,2015)指出广泛的社区参与,对老年人的享受和娱乐而言是第一重要的,也能使老年人适应环境的变化,比如技术、生活方式、财务和健康等。美国社区学院强调促进社区居民的终身发展,改善社区老龄化的进程,成为老年教育的重要载体,先后开展了老年志愿者组织与培训项目、退休教育、营养教育、继续教育等项目(罗志强,2017)。芬兰的老年大学虽然借鉴了法国利用普通大学的校园场所开展老年教育的做法,但在社区都建立有分中心,从年长者自身的利益出发,设计了课程的"学习协议",让年轻人和老年人基于互惠互助的关系,围绕社会、文化、经济等不同领域的内容进行交流(Yenerall,2003)。芬兰这种方式一方面可以帮助年轻人加深对老龄化过程的认

识,获得同理心、耐心、宽容心;另一方面也促进老年人向年轻人传递经验,作出积极的社会贡献,在与年轻人的交流中有意识地、积极地、自觉地构建知识。

第二节 国际老年大学理论研究

一、国际老年大学理论研究基本情况

以"the university of third age""third age university""U3A""senior university""university program for old adults"为关键词,在 Web of Science 核心数据库的"标题"栏中检索,检索时间为 2010—2020 年,结果共检索到 212 篇文章。其中,期刊论文 131 篇,会议论文 51 篇,摘要 20 篇,编辑语 4 篇,传记 2 篇,述评 3 篇,新闻 1 篇。对可获得的 131 篇期刊论文进行文献计量研究和内容分析,以探究近 10 年国际老年大学研究的热点与趋势。

131 篇期刊论文的发表数量时间分布情况见图 2-1,发文数量整体呈现上升趋势,其中 2016 年发文最多,共发表了 26 篇关于老年大学的文章,2017 年至 2020 年发文数量呈现上升趋势。

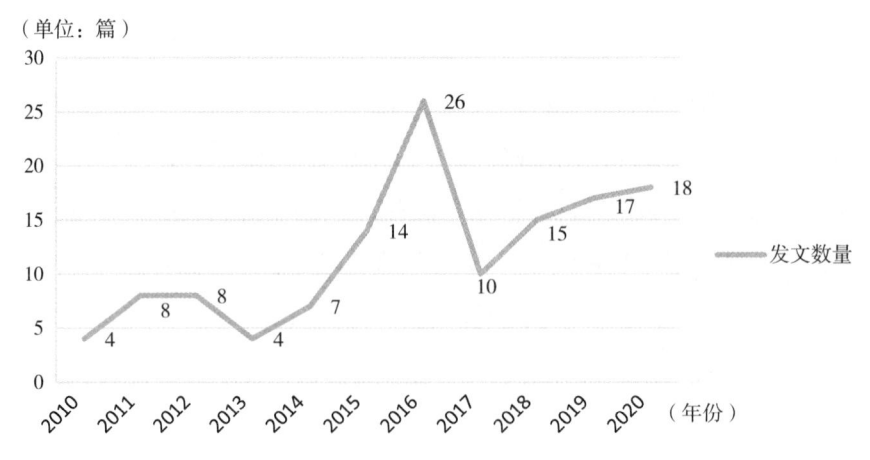

图 2-1 WOS 核心数据库老年大学主题论文(2010—2020 年)

被引用次数最高的10篇文献(见表2-1),其中有2篇来自马耳他大学欧洲老年研究中心的马文·福尔摩沙(Marvin Formosa)教授,他比较关注国际老年大学的整体发展;另有2篇来自尼古拉·哥白尼大学教育与护理教学系的哈利纳(Halina),他更关注老年大学中老年群体的研究,如凝聚力、生命满意度、生命质量等。在10篇高被引的文章中,有3篇发表在 Archives of Gerontology and Geriatrics 期刊上,有2篇发表在《老年教育学》(Educational Gerontology)上,从整体的引用次数来看,整体被引次数均小于50次,这反映出对国际上对老年大学的研究还处于发展阶段。这10篇关于老年大学研究的文章中,有2篇讨论了老年生活质量(quality of life),研究结果表明,老年大学学员的教育水平与生命质量显著性相关(Zielinska-Wieczkowska 等,2011)。

表2-1 老年大学研究被引用排名前十的文献

排名	标题	作者(年份)	来源期刊	被引次数
1	Four decades of Universities of the Third Age: past, present, future	Formosa (2014)	Ageing and Society	28
2	The sense of coherence (SOC) as an important determinant of life satisfaction, based on own research, and exemplified by the students of University of the Third Age (U3A)	Zielinska-Wieczkowska, et al.(2012)	Archives of Gerontology and Geriatrics	17
3	The relationship between levels of physical activity and quality of life among students of the university of the third age	Krzrpota. et al.(2015)	Central European Journal of Public Health	15
4	Singing and companionship in the Hawthorn University of the third-age choir, Australia	Joseph & Southcott (2015)	International Journal of Lifelong Education	15
5	Education and older adults at the University of the Third Age	Formosa (2012)	Educational Gerontology	15
6	Evaluation of quality of life (QOL) of students of the University of Third Age (U3A) on the basis of socio-demographic factors and health status	Zielinska-Wieczkowska, et al.(2011)	Archives of Gerontology and Geriatrics	15

续表

排名	标题	作者(年份)	来源期刊	被引次数
7	Is there a place for an ageing subject? Stories of ageing at the University of the Third Age in Poland	Wilinska (2012)	Sociology	14
8	Body composition and quality of life (QOL) of the elderly offered by the University Third Age (UTA) in Brazil	Sonati, et al. (2011)	Archives of Gerontology and Geriatrics	14
9	Organisational barriers for women in senior management: A comparison of Turkish and New Zealand universities	Neale & Ozkanli (2010)	Gender and Education	14
10	Reasons for older adult participation in university programs in Spain	Villar. et al. (2010)	Educational Gerontology	14

使用 CiteSpace 软件,对国外近 10 年老年大学研究的期刊论文进行聚类,形成了 9 个主题团(见图 2-2),体现国外老年大学研究的热点。

图 2-2　关键词聚类结果

二、国际老年大学理论研究热点

通过对主题团的关键词进行进一步分析,总结出国外老年大学的研究热点主要集中在以下四个方面。

(一)老年学员的身心健康

涉及的关键词有体育活动(physical activity)、锻炼(exercise)、焦虑(anxiety)、风险(risk)、歧视(discrimination)等,身心健康是老年人生存和发展的基础,巴西老年大学的特色是为老年人提供广泛的体育和休闲活动,通常由联邦、州或私立大学的体育课程组负责。他们认为促进老年群体的体育锻炼是十分关键的,而不仅仅是知识的传递,因为体育及相关的内容能鼓励老年人以更全面的方式积极健康地老龄化(Nascimento 和 Giannouli,2019)。

(二)老年学员生活幸福感

涉及的关键词有福祉(well-being)、生活满意度(life satisfaction)、生活质量(quality of life)、量表(scale)等,近10年有多项以老年大学学员为研究对象,探究老年人的生活幸福感问题及生活质量问题的研究。已有一些研究利用生活质量量表,测量老年大学学习者的生活质量,岩政(Iwamasa,2011)通过对77名日裔美国人进行访谈,探究老年人对成功老龄化的感知,构建形成一个老年人自身视域下的成功老龄化的模型,该模型包含生理维度、心理维度、认知与社交维度、精神维度及财务安全五个维度。

(三)积极老龄化的办学目标

涉及的关键词有积极老龄化(active aging)、教育(education)、利益(benefit)、参与(engagement)、就业能力(employability)等,老年大学通过提供健康护理、社会参与、就业和教育服务来提高老年人生活质量。维林斯卡(Wilińska,2012)的研究表明一个国家的文化对老龄化问题有影响,在波兰老年人自身并不认为自己衰老了,反而觉得第三年龄是自由的、可以实现梦想的阶段,也并没有将老龄化视为一个负面的影响,因此波兰老年大学的建设中更多定位在一个人连续性的终身学习,而不是到了特定的年龄之后才开始接受教育。

(四)学习过程管理

涉及的关键词有管理(management)、社会网络(social network)、信息(information)、知识传输(knowledge transfer),老年大学的教学、信息和管理正在发展转变,芬兰的老年大学逐渐从普通大学的场所向社区延伸,没有入学的限制,中年待业者、全职妈妈、老年人都可以参与。教学模式分为三类,第一类为正式的讲座,最多的时候容纳人数达到 500 人,第二类是小组讨论,第三类是研究小组,第二类、第三类学习形式充分尊重了老年人的学习兴趣及利益(Yenerall,2003)。

第三节 世界老年友好大学实践

2019 年 6 月,联合国发布了最新《世界人口展望 2019》,着重提出人口老龄化问题。报告指出,在 2019 年全球人口中,65 岁及以上的老年人占全球人口约 1/11,2050 年预计将提高到 1/6。中国预计在 2026 年左右 60 岁及以上老年人超过 3 亿,2055 年达到峰值 4.88 亿,占人口总数的 35.6%,已经远远超过联合国国际人口学会关于人口老龄化的统计标准,即一个国家或地区 60 岁以上老年人数量占总人口比例超过 10%,就意味着这个国家或地区进入人口老龄化阶段,世界范围内人口老龄化趋势严重,应对人口老龄化成为全球共同面临的新挑战。

不断变化的人口结构对高等教育机构产生重要影响,一方面,高等院校需要立足社会背景思考如何更好地发挥社会服务的职能,世界一流大学并非只关注高素质人才的培养以及创新性学术成果的研发,也十分重视社会服务职能,主张利用大学自身及所在区域的各种资源,通过多种途径来服务当地公众、整个社区、国家乃至于全世界各国人民(郄海霞,2020);另一方面,高等学校将面临年轻的学生入学率降低、人才培养如何对接老龄化社会中新的职业或岗位需求等问题。

国际上一些高等学校发展成为老年友好大学,老年友好大学的构建并不是建设新型老年大学或者第三年龄大学,而是基于普通高校既有的设施,充分考虑老年人的身心特点,为老年人提供教育服务,同时鼓励老年人参与职业、文化、保健等多样化的活动或项目,使得老年人有机会继续学习,年轻的大学生可以与老年人聚在一起并向老年人学习,增强年轻学生对老龄化的认识。通过文献研究和案例分析,探究国际老年友好大学发展经验,以期为我国高等学校发展成为老年友好大学提出策略。

一、老年友好大学的内涵与原则

"老年友好大学"的概念来源于老年友好城市和老年友好社区,世界卫生组织在 2005 年首次提出"老年友好城市"(Age-friendly City)倡议,倡导通过完善的基础设施和服务,有效满足老年人多样化需求,让老年人可以积极参与社会活动,并实现自我价值。[①] 为了扭转社会对老龄化的消极认识,改变年轻人对年长者的歧视,体现高等教育对年龄的包容性,2012 年爱尔兰都柏林城市大学提出了构建老年友好大学(Age Friendly University,简称 AFU)的倡议,爱尔兰时任总理恩达·肯尼(Enda Kenny)公布了"老年友好大学 10 项原则"。

"老年友好大学 10 项原则"分别是:

(1)鼓励老年人参与大学的所有核心活动,包括教学和研究项目;

(2)促进老年人后半生人际和职业发展,并支持那些希望从事第二职业的老年人;

(3)认识到老年群体的教育需求范围(从较早离开学校的人到希望攻读

---

① 李小云:《国外老年友好社区研究进展述评》,《城市发展研究》2019 年第 7 期。

硕士或博士学位的人）；

（4）促进代际学习，增进各年龄段学习者分享专业知识；

（5）扩大老年人在线教育机会，确保参与学习途径多样化；

（6）确保大学的研究计划符合老龄化社会的需要，促进公众讨论高等教育如何更好地响应老年人的各种兴趣和需求；

（7）帮助学生更好地理解长寿红利，以及老龄化所带来的社会复杂性和丰富性；

（8）增加老年人参与大学健康与保健计划，以及艺术和文化活动的机会；

（9）与大学所在的退休社区积极互动；

（10）与代表老龄人口利益的组织定期开展对话。

这10项原则从教与学、科学研究、终身学习、再就业与个人发展、代际学习以及公民参与6个方面为老年友好大学的实践提供了指引，鼓励老年人通过继续学习、发展能力、自我实现等内向性活动提高生命质量，通过继续就业、做志愿服务等外向性活动为社会经济发展做贡献，体现了积极老龄化的理念。

二、世界典型老年友好大学的经验

在都柏林城市大学的倡议下，国际上形成了老年友好大学全球网络（Age-Friendly University Global Network），国际老年高等教育研究院（The Academy for Gerontology in Higher Education，AGHE）认同老年友好大学的10项原则，并邀请其成员和分支机构加入老年友好大学全球网络。截至2020年，全球已有66所高等学校加入老年友好大学全球网络，其中美国42所，加拿大8所，爱尔兰8所，韩国2所，英国1所，澳大利亚1所，新西兰1所，荷兰1所，斯洛伐克1所，斯洛文尼亚1所。[①] 依据较早加入老年友好大学全球网络、分布在不

---

① *The Gerontologycal Society America*, Age-Friendly University (AFU) Global Network, 2022-04-20, 见 https://www.geron.org/programs-services/education-center/age-friendly-university-afu-global-network。

同国家以及可获得详细资料的原则,研究选择爱尔兰都柏林城市大学、加拿大曼尼托巴大学以及美国的罗得岛大学、中康涅狄格州立大学、拉塞尔学院、阿克伦大学等6所老年友好大学为案例,围绕"设计—行动—反思"的教育活动实践框架进行分析,具有以下四方面特点。

(一)建立组织体系,持续协同推进

国际老年友好大学在初期均成立了相关机构或工作小组,形成工作推进机制,例如曼尼托巴大学,这是加拿大第一所加入老年友好大学网络的高校。该校十分重视老年教育的研究及实践,建立了老年友好大学委员会和老龄化中心两个机构,老年友好大学委员会主要任务是评估如何与老年友好大学的10项原则保持一致,定期向学校提交报告,阐述改善建议,指导学校管理、教学及服务的实践活动;老龄化中心主要任务是组织公共活动以促进高校与社区对话和开展跨学科的研究,例如,举办不同类型的研讨会,设立奖学金以鼓励年轻学生围绕老龄化主题开展研究(Chesser S 和 Porter M,2019)。美国罗得岛大学作为老年友好大学成员,成立了专门的工作小组以推进老年友好大学的开展,工作小组的成员主要包括教职员工、奥舍终身学习学院的代表及校友会的代表,工作小组制定了整体推进的目标,开展内部的制度变革,探索在各个阶段的活动组织,以推动整个学校实现老年友好(Clark P.G.和 Leedahl S.N.,2019)。都柏林城市大学也设立了全校范围内的跨学科工作小组,致力于推进老年友好大学的建设与研究①。高校建立相关的组织机构或工作推进小组,明确在各个阶段的任务并获得人力、物力和财力支持,以推进老年友好大学的实践进程,虽然不同高校设置的机构类别有所不同,但离不开学校的顶层战略规划,以及校领导或行政管理部门的大力支持。

---

① Talmage,C.A.,et al.,"Age Friendly University and Engagement with Old Adults:Moving from Principle to Practise",Intarnatial Journal of Lifelong Education,2016,Vol 35,No.5,pp.537-554.

（二）以项目为驱动，开展多元合作

国际老年友好大学在建设过程中通常以不同的项目为依托，小步调逐步推进，唤起师生参与意识。美国中康涅狄格州立大学围绕老年友好大学的原则，启动了多个项目，例如"合作：学生/老年人代际交流"（Working together: Intergenerational Student/senior Exchange, WISE）项目，老年人和大学生可以通过小组的方式，讨论共同的话题，如人际关系、技术、财务等，还有"生活学者：演讲者系列"（Scholars for Life: Speaker Series）项目，社区居民和教职员工只需支付少量的会员费就可以聆听各种主题的专家讲座。学校探索校内校外的多元合作，校内主要是跨学科的合作，鼓励音乐、艺术教育、体育和国际研究等领域的教师们参与老龄化相关议题研究；校外合作主要是与相关协会、代表老龄人口利益的组织等，如美国退休人员协会。美国退休人员协会团队具有专业的活动策划能力，以及有与老龄化相关主题的国际或地方资源（Andreoletti C 和 June A.，2019）。

拉塞尔学院是美国第二所加入老年友好大学全球网络的高校，与其他高校不同之处在于，该校所在地是拉塞尔退休村，拉塞尔学院与拉塞尔村成为伙伴关系，在拉塞尔村老年人可以与同龄人一起在拉塞尔学院学习某一特定主题的6—8周课程，也可以参加一个学期持续15周的课程，以及其他校园活动，如体育健身计划（适合老年人的瑜伽、平衡和太极拳等课程）、讲座、讲习班、展览、文艺表演等（Vrkljan B.等，2019）。以多个项目的形式开展老年友好性实践活动，一方面能够充分发挥不同群体的优势，如不同学科的教师，在不同项目中彰显自身独特优势；另一方面也具有较大的灵活性，老年人可以结合自己的需求选择合适的项目，高校的教师及年轻学生可以选择自己感兴趣参与的项目，以实现利益相关者之间的和谐互动。

（三）关注技术运用，创新教学服务

技术为教育新范式的产生和发展提供了强劲的催化剂，信息技术的运用也扩大了老年人学习的参与度,随着数字化、信息化的深入发展,网络化教学成为国际适老性高等教育的最主要模式(Formosa M.,2012),阿克伦大学是2017年美国首批加入老年友好大学的10所大学之一,学校启动"技术连接项目"(Tech Connect Program),在项目中老年人只要有技术帮助的需要,就能够获得一对一的帮助(Stanley J.T.,2019),以促进老年人融入社会和技术参与。都柏林城市大学本身是爱尔兰的国家数字学习中心,依托这方面资源为老年人提供了灵活的在线学习课程,学校还致力于开展创新技术研究,为更多由于身体障碍而无法获得学习机会的老年人服务(Talmage,2016)。拉塞尔学院为感兴趣特殊内容领域(如诗歌写作)的居民提供了在线教育机会,并由指定的工作人员提供技术支持(Montcparc,2019)。老年人随着年龄的增长,身体健康程度下降,行动能力减弱,在社会交往或学习过程中遇到较多的困难和障碍。高校依托信息技术为老年人提供丰富的学习资源、更加灵活的学习方式,能够增加他们的学习信心和学习意愿,拉近了老年人与信息技术的距离。

(四)以证据为导向,开展实践评估

国际老年友好大学十分重视项目的评估与反馈工作,对开展的老年友好性项目进行评估,能够了解到老年友好大学理念是否落地。曼尼托巴大学使用影像发声法(Photovoice),通过参与者拍摄照片并进行讨论的方式,来记录学校老年友好或者不友好的表现,学校老年友好大学委员会定期招募研究参与者,鼓励这些参与者在校园环境或活动中,从身体特征、心理、社会或精神方面捕捉老年友好性的特征,综合评估学校是否践行老年友好大学的10项原则(Chesser和Porter,2019)。阿克伦大学也十分注重对实践行动的评价,他们采用问卷调查和结构性访谈的方法对开展的项目进行评估,围绕满意度、对技术的舒适度、感知与他人联系的变化等来分析项目的开展情况,项目还邀请了心理学系的研究人员,对一些研究项目本身的有效性进行评估,许多教职员工、研究生和本科生直接参与研究设计、数据收集、数据转录与编码以及数据

的分析工作,通过一系列的证据支持,研究发现项目提高了高校的社区参与度,加强了高校与社区的社会联系(Stanley 等,2019),这也深化了老年友好大学的实践意义。高校对实施的老年友好项目开展评估是项目运行过程的必要环节,为制定和实施下一轮老年友好项目提供可靠的依据,也能为老年友好大学与社区、校外老龄机构等之间的互惠合作提供参考。

国际上兴起的老年友好大学是高校发挥自身优势服务社区的有效尝试,也是高校利用老年人的知识经验服务学校的教育教学改革与发展的探索。虽然我国老年友好大学的实践还处于初期阶段,但已显示出国际发展趋势。

第三章 我国老年大学的实践发展与理论研究

我国内地老年大学从1983年开始起步发展,主要经历了探索起步阶段、快速发展阶段和自我调整阶段,从管理主体来划分,我国老年大学主要分为4类12种,管理体制、师资队伍、学习资源等是老年大学相关研究的热点内容,但在实践中也存在诸多问题。

第一节 我国老年大学的发展历程与类型

一、我国老年大学实践发展阶段

我国台湾地区老年教育发展起步较早,1982年12月台湾地区高雄市长青学苑成立,成为台湾地区第一个有计划、有组织的高龄教育机构,其主要是公办民营的合作模式,目的是推广高龄教育(杨志和,2010)。自2008年以来,台湾地区教育部开展乐龄学习计划,在社区和大学同步为55岁以上的老年人提供学习活动支持。乐龄学习中心的基本理念是"以高龄学习者为中心,提供便捷性学习咨询连接网络"。许多非营利组织、学校、政府部门、社区大学等都可以申请成为乐龄学习中心。截至2016年,台湾地区已有340所乐龄学习中心。目前台湾地区除了乐龄学习中心之外，还有乐龄大学、长青学苑、老人大学及社区大学服务于老年教育。台湾老年教育重视师资培训，颁布《乐龄教育人员培训实施计划》主要是针对讲师、专职计划管理人员、自主学习团队带领人和导游解说人员，规定参加培训的人员必须经过3个阶段共108个小时的培训，结束后由教育主管部门颁发专业人员证书。

我国内地老年大学的实践发展可以分为探索起步、快速发展和自我调整三个阶段。

（一）探索起步阶段（1983—1995年）

20世纪80年代初期，在改革开放的背景下，社会经济取得一定发展，一些发达地区和中心城市为了给离退休人员提供一个学习、活动和娱乐的场所，开始尝试创办老年大学。1983年9月，山东省红十字老年大学（现更名为山东老年大学）正式开学，标志着我国第一所真正意义上老年大学的诞生。1984年4月，哈尔滨老年大学正式成立，成为我国第二所老年大学（丁哲学，2017）。同年，大陆地区老年教育协会成立。20世纪80年代的老年大学还是新生事物，建立初期主要面向老干部办学，受到学习空间和学习条件的限制，整体规模很小，一般只有几十至一两百人，管理主体主要是老龄委，以休闲娱乐、发展兴趣为主，在功能上与老年文化站或老年人活动中心并无太大的区别（吴思孝，2019）。

随着老龄人口增加，以离退休老干部为服务主体的老年教育逐渐推广开来，老年大学数量不断增多，截至1985年年底，全国已有老年大学61所，在校学员约4万人（陈勇，2016）。1988年12月，中国老年大学协会成立，该组织属于民政部部署社团，业务由全国老龄工作委员会办公室主管，组织全国各地的老年大学开展协作与交流，促进了老年大学的发展，老年大学在数量上逐渐增多（见表3-1）。

表3-1 不同阶段老年大学(学校)数量

年份	学校数(所)	学员数(人)
1985	61	40000
1988	961	130000
1993	5331	470000
1996	8000	690000
1998	13200	1010000
1999	17000	130000
2001	20000	1700000

(二)快速发展阶段(1996—2009年)

1996年8月,全国人大通过《中华人民共和国老年人权益保障法》,明确规定"老年人有继续受教育的权利。国家发展老年教育,鼓励社会办好各类老年学校"(中国人大网,1996),老年学校的地位在法律上被正式承认,一方面,老年教育的服务对象逐渐扩大,逐步转向普通人群;另一方面老年大学的办学形式开始探索远程办学,上海老年大学开办"空中老年大学",吸引了30多万老年人观看,现代教学手段的运用,促进了老年大学的发展(罗悦庭,2011)。1999年10月,全国老龄工作委员会成立,在"十五""十一五"等国家老龄事业发展规划纲要中提及要"兴办各类老年学习学校","建立示范性老年大学"等,老年大学在数量上增多,专业设置更加科学合理,教材更加贴合实际,教学手段初步现代化,办学质量得到提升。截至2005年5月31日,西藏老年大学的建立标志着我国所有地区均已建立了老年大学(张娜,2011)。

(三)自我调整阶段(2010年至今)

在一系列鼓励和促进老年教育发展的政策文件的指引下,我国老年大学的发展步入快车道,呈现出以下特点:第一,办学主体多样化,不仅有公办的老年大学、老年开放大学,社会民营机构经过教育行政部门审批和民政部门的登记后,也可以办学。第二,教学队伍多元化,鼓励社会力量共同办学,特别是不同类别的学校教育的工作者、文化工作者以及医务人员等参与到老年教育工作中。第三,举办老年学历教育。2014年,江苏开放大学在全国率先开展老年学历教育(金丽霞等,2016),为老年学习者制定人才培养方案,克服了非正式学习带来的盲目性,在人才培养方案的指引下确定了课程安排、教学实施与教学评价,通过课程学习的老年人可以获得学士学位,满足老年人的"大学梦"。

根据《老年教育发展规划(2016—2020年)》实施情况中期评估有关数据,全国省级老年大学、地级市老年大学已实现全覆盖;县级老年大学覆盖率已达到87%(郑炜君等,2019)。部分省市已基本完成老年教育机构布局,如上海市已达到市、区、街镇(乡)、居(村)委老年教育四级网络全覆盖;福建省也已经实现了每个市县至少有1所老年大学,40%左右的街道(乡镇)有老年学校,40%左右的村(居)委员会设立老年学习点,50%以上的省市已在乡镇(街道)建有老年教育机构(教育部,2018;赵院刚,2018)。

2019年2月,中共中央、国务院印发了《中国教育现代化2035》,文件将"建成服务全民终身学习的现代教育体系"作为首要教育发展目标,将"构建服务全面的终身学习体系"作为十大战略任务之一,并明确提出"扩大社区教育资源供给,加快发展城乡社区老年教育"[①]。这是中国特色社会主义进入新时代,党和国家对教育改革发展作出的重大战略部署,绘制了新时代加快推进教育现代化、建设教育强国的宏伟蓝图,也为老年教育的发展指明了前进方向。《中国老年教育发展报告(2019—2020)》显示,截至2019年12月底,我国共有老年大学(学校)76296所,面向老年群体提供终身学习机会。

---

① 中共中央、国务院:《中国教育现代化2035》,2019年2月23日,见http://www.gov.cn/xinwen/2019-02/23/content_5367987.htm。

二、我国老年大学办学类型

当前我国实践中的老年大学的类型较多,从管理主体来划分,主要分为4类12种(见表3-2)。

表3-2 我国老年大学管理分类

类别	分类	案例
党政领导、财政供给	各级党组织主管,老干部局主办,财政供给	北京老年大学 福建老年大学
	政府直接管理,财政一级预算	哈尔滨老年大学 江西景德镇老年大学
	政府主导,部门管理,主要由老龄委、教育部、文化部三个行政部门组成	上海老年大学 广西文苑老年大学
	政府为主,企业投入	广东茂名市油城老年大学
军队主办、自主管理	军队主办	总政治部老干部学院 广州军区老干部大学
	军地共建	湖北省军区老干部大学
部门主办、经费自筹	机关(群团)主办,如铁道部、国家发展与改革委员会、国家广电总局等	铁道部老年大学
	科研院所主办	中国科学院老年大学
	大专院校主办	上海师范大学老年大学 南京大学老年大学
	国有大型企业主办,如石化、铁路、钢铁等	大庆油田老年大学
社会力量办学	民间福利会	广州市岭海老人大学
	房地产	深圳卓越老年大学

教育行政部门主管的老年大学(学校)主要有4类,分别有不同的办学场所:第一类由教育行政部门主管直接开办的老年大学,这类老年大学的特点是得到教育行政主管部门的支持,往往有独立校舍;第二类是由普通高等院校开

办的老年大学,如上海师范大学老年大学、南京大学老年大学等,这些老年大学一般都位于高校校园内,直接利用高校本身的场地资源进行整合使用;第三类是由开放大学举办的老年开放大学,主要依托开放大学的系统化办学优势,通常会将线上和线下教学结合起来;第四类是由基层社区大学、成人教育中心举办的老年学校,这些老年学校多与社区大学合署办事,共享教学场地和教学资源。

我国普通高等学校举办的老年大学一般与高等学校的离退休中心合署办公,并未作为独立的机构纳入到学校的管理中,也未纳入高等学校的整体发展计划之中。一般面向本校或本系统离退休职工,部分高等学校虽然未注明面向本校,但是在招生简章中也提及"本校退休教职工享有优先报名权",且本校退休教职工每门课程给予一定的学费减免,存在教育的开放度不足的问题。从教学组织来看,一般都为面授教学,在招生简章中明确了上课的地点及上课次数,通常有专属的老年活动中心,与普通学生的日常学习是分开的,老年学员也很难有机会与年轻的学生聚在一起。

第二节 我国老年大学相关理论研究现状

一、我国老年大学相关理论的研究特点

通过对中国期刊论文数据库(CNKI)中以"老年大学"或者"老年学校"为关键词在期刊"篇名"中检索1983年至2020年间发表的论文,共检索到442篇,剔除通信、咨询、短评等,总计266篇。采用CiteSpace软件对文献关键词进行聚类,结果如图3-1所示。

从图3-1可以看出,我国老年大学相关理论的研究有以下特点:

第一,研究内容方面,主要关注老年大学运行与保障机制、老年大学的课程、师资队伍建设及教学质量评价等。老年大学的运行和保障机制包括老年

第三章 我国老年大学的实践发展与理论研究

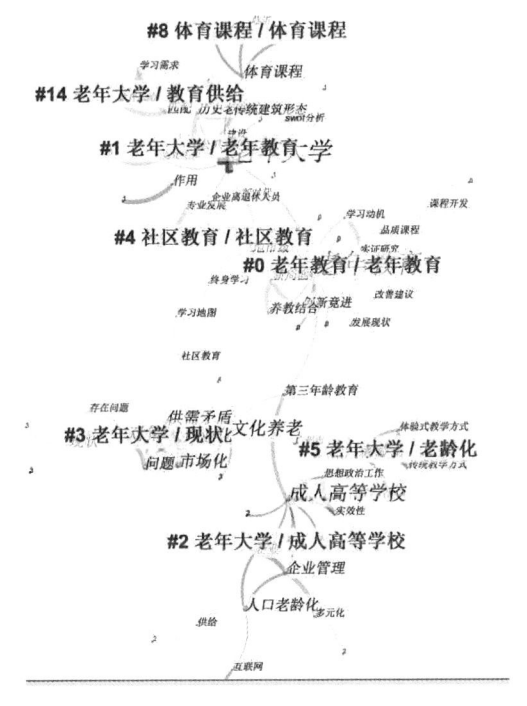

图 3-1 国内老年大学研究关键词聚类

大学的招生(赵莹,2018)、管理模式(王舒等,2019)等。在课程方面的研究包括课程设计与开发、内容选择、课程设置、老年学习者课程学习体验,当前老年大学主要关注老年人的健康和兴趣爱好,一般开设保健、艺术等闲暇类课程。许竞等(2016)通过调研发现,老年大学的课程内容数量和质量都不能满足老年人的需求;徐博闻(2018)对沈阳近千个社区的老年教育课程进行调查,发现社区老年教育课程设置趋同化,缺乏针对社区老年人特征和学习需求的课程设计和内容研发。师资队伍建设的研究主要包括老年大学教师能力结构、教师核心素养等,朱素芬等(2018)通过对10名优秀社区老年教育教师进行质性研究,将社区教育教师扮演的角色归纳为"教学设计者""活动组织者""学习促进者""教学艺术家""学员关怀者""学习研究者"等六大角色。老年大学的教学评价是教学质量的重要反馈,也发挥着教学监督的作用,吴琼

（2019）借鉴顾客满意度理论，编制了《老年大学教学质量学员满意度调查问卷》，探究了老年学员对某老年大学的满意度[①]；吴群志（2017）构建了吉林省老年大学教学质量评价与监控体系，评价内容包括教师教学评价、学员学习评价及教学管理评价，评价主体是学校管理人员、专家和学员。

第二，研究以描述性研究为主，实证研究为辅。已有的老年大学的研究，以理论思辨为主要研究方法，集中谈论国外第三年龄大学的政策及实践，老年教育的供给问题，如老年教育与社区教育的关系（王正东等，2016；黄琳等，2017）、老年大学与人口老龄化的供需矛盾、老年大学与成人高等学校的关系等，仅有少量的研究采用实证研究范式来探讨影响老年群体参与学习或接受教育的因素，因而所提及的意见和建议大多停留在理论层面，缺乏基于实证研究提供的可靠依据。

第三，老年大学研究的视角主要是微观层面老年人个体的学习需求和学习动机，缺乏中观层面对整体学习环境的研究。随着人本主义理论的发展，老年学习者自身的特点受到研究者的关注，已有的研究基于老年学习需求，提出了课程开发的改善建议，探索体验式教学方式，使用学习地图策略，倡导"文化养老""养教结合"，多元供给主体及供给内容，但由于缺乏整体性视角，对老年大学的研究与实践只能停留在部分改进的层面，难以发现已建成的老年大学的优势与不足，也不能对未来将建设的老年大学提供系统化的指引。

二、我国社区老年大学存在的不足

通过对已有的文献梳理发现，我国无论是城市还是乡村，社区老年学习条件都得到了巨大改善，老年学习的内容和形式不断丰富，老年学习成果突出，但我国社区老年学习还存在一些问题，主要有以下四个方面。

---

① 吴琼：《高校老年大学教学质量学员满意度调查研究》，上海师范大学硕士学位论文，2019年。

（一）基础设施、设备和服务体系较弱

当前全国各级各类老年大学和老年学校,主要集中在华东、华南地区,广州共有老年教育机构329个,老年活动室2635家、老年文体团队1820个,各类老年协会2426个,覆盖了95%以上的城镇社区以及80%的农村社区(胡青浩,2019),但在西部偏远地区,老年大学的数量非常有限,基础设施薄弱,教育服务供给严重不足,很多老年人想参与老年学校的学习可是报不上名,老年大学"一座难求"的新闻屡见报端,许多自发成立的学习社团或学习共同体又苦于找不到场地开展学习活动,地域之间发展极不平衡。

（二）师资队伍参差不齐

近年来随着社区老年教育的发展,师资队伍的建设受到了重视,专兼职的师资逐渐增多,但是我国当前社区老年教育仍然面临着专业师资不足的问题。冯娇娇(2019)以重庆市的3所老年大学为调研对象,收集110份有效的教师调查问卷,发现老年大学存在师资队伍结构不合理、流动性大,师资管理缺乏科学性,专业水平参差不齐的现象。已有的教师队伍很不稳定,大部分是兼职教师,未接受过正规教育和专业培训,教学理念陈旧(李云,2019)。

（三）符合老年人学习特点的学习资源短缺

我国有限的老年教育资源与快速增长的老年人学习需求之间的矛盾比较突出,老年大学开设的主要是书法、绘画、音乐、戏曲等闲暇内容的课程,课程设置呈现趋同化的特点,一方面忽视了地方特色(岳瑛,2011),另一方面缺乏对老年人心理状态和健康状态的引导,难以满足老年人多样化的学习需求。徐旭东等(2020)按照麦克拉斯基的老年学习需求五个层次,对浙江"第三年龄学堂"学习平台课程资源情况进行分析,发现课程仅满足了老年学习中应付型、表达型的需求,尚无为志愿服务提供专业技能培训、生命回顾、价值追求

类的课程,也缺乏对老年人心理状态和健康状态的引导,难以满足新时代老年人多样化的学习需求。一些老年大学智能化的老年教育资源供给不足,为老年学习者提供的学习资料多为纸质教材,缺乏符合老年人学习特点的数字化资源,随着视力下降,老年学习者存在一定的阅读障碍,无法适应信息时代老年人学习方式的变革。

(四)多维度的学习支持服务缺失

学习支持服务是教学顺利实施的重要保障,老年学习者身心状况具有极大的特殊性,随着年龄的增长,身体健康程度下降,行动能力削弱,学习过程中会遇到较多的困难和障碍,需要多维度的学习支持服务,例如许多老年学习者因为家校之间路途遥远逐渐失去了学习的积极性,一些老年学习者对情感交流十分渴求,在平时独自学习过程中会因为情感交流缺失而容易产生学习孤独感,许多学习困难也无法及时地获得教师、同伴的帮助。董红红(2019)调研天津地区的老年大学,发现教学环境没有根据各个专业的需求和课程设置进行空间布置,空间位置狭窄,功能单一,无障碍设计并不符合老年人需求。

第三节 我国老年大学评价的理论与实践

从理论研究来看,通过对中国期刊论文数据库(CNKI)进行检索,发现已有的关于老年大学的评价主要有两方面,分别是老年大学学习成效的评价和老年大学内部课程的评价;从实践来看,对老年大学的评价主要是老年示范性学校的评估(见表3-3)。

一、我国老年大学评价的理论研究

吴结(2019)从政策视角出发,提出了老年教育发展成效的目标定位,通过理论思辨的方式构建了老年教育发展成效评价指标,分别是体制机制建设、基础能力建设、教育对象受益、社会发展贡献及反映特色发展水平五个方面。王提等(2019)采用柯氏四级评估的方法,结合老年大学课堂教学的特点,构建出包含需求层、反应层、学习层和行为层的评估模型,对一所老年大学心理健康课程的课堂教学成效进行评估,结果表明老年大学课程教学应基于老年学员的学习需求,采用新颖的教学方式和贴合实际的教学内容。于一凡等(2018)从设施的空间服务范围、空间服务水平、空间资源配置的整体公平性与相对公平性四个方面对老年教育资源的空间配置展开了分析与评价。

表3-3　已有老年大学的评价研究

作者（年份）	内容	特点
吴结（2019）	(1)体制机制方面:重视程度、管理体制、政策环境、运行机制、发展氛围 (2)基础能力方面:学习场所、师资队伍、经费投入、资源开发与支持服务 (3)教育对象受益:老年教育覆盖率、满意度、个体需要满足情况 (4)对经济社会发展贡献:社会养老成本、产业联动发展、老年人力资源开发、服务社会和和谐稳定 (5)特色发展水平:体制机制创新、特色品牌、研究成果	关注老年教育发展成效 基础能力维度指标可以借鉴
王提等（2019）	(1)需求层:评价老年人选择内容的权利和机会 (2)反应层:衡量老年学员对课程总体的反应和整体评价 (3)学习层:评估老年学员对所学知识、技能和方法等的理解和掌握程度 (4)行为层:评价老年学员是否将课堂知识落实到实处,学以致用	课堂评价 关于老年学习成效
于一凡等（2018）	(1)空间服务范围 (2)空间服务水平 (3)空间资源配置的整体公平性 (4)空间资源配置的相对公平性	关注空间资源设施

二、我国老年大学评价的相关实践

2001年6月,中央组织部、教育部等五部委印发《关于做好老年教育工作的通知》，要求"培养和树立一批条件较好、质量较高、制度较全、颇具规模的规范化老年大学示范校"，在《中国老龄事业"十五"规划纲要》中也明确要求"省(自治区、直辖市)要建立1至2所示范性老年大学"。在一系列的政策指引下，实践中开展了示范性老年大学的评估工作。上海早在2010年就在全国范围内率先启动了创建示范性老年大学(学校)的评估工作，评估方案共分为6个一级维度和18个二级维度，每个指标赋予一定的分值，总分为300分(见表3-4)。通过分值的分布可以看出，一级维度中学校管理所占分值比例最高，其次是办学条件，再次是领导班子和师资队伍；二级维度中教学管理分值比例最高，体现出对老年教学管理的重视。该评分标准反映出示范性老年大学的评估对办学条件等基础设施的重视，对办学规模方面有一定的要求，办学成效方面集中评价科研理论、教学效果和社会效益，从管理者的视角出发，而非真正关注学习者的学习成效。

表3-4 上海市创建示范性老年大学(学校)评估方案

一级维度	二级维度	分值
办学资格(20分)	1. 规范办学	20
办学条件(80分)	2. 校舍	20
	3. 教室	10
	4. 教学设备	10
	5. 公用设施	10
	6. 服务设施	10
	7. 经费来源	20
领导班子和师资队伍(40分)	8. 领导班子	20
	9. 管理机构	10
	10. 师资队伍	10
学校管理(100分)	11. 行政管理	30
	12. 教学管理	70

续表

一级维度	二级维度	分值
办学规模（30分）	13. 专业	10
	14. 班级	10
	15. 学员人数	10
办学成效（30分）	16. 科研理论	10
	17. 教学效果	10
	18. 社会效益	10

山东省出台了推荐全国示范老年大学标准，该标准共分为6个一级维度和23个二级维度，对每项二级维度进行赋值，总分为100分（见表3-5）。一级维度分别是办学条件与规模、学校管理、教学水平、理论研究、远程教育、总体效果6个方面。

表3-5 山东省推荐全国示范老年大学标准

一级维度	二级维度	分值
办学条件与规模（28分）	1. 办学基础	9
	2. 校舍与学校设施	9
	3. 教学经费	5
	4. 学员人数	5
学校管理（30分）	5. 党建工作	3
	6. 教学管理	4
	7. 校园文化	4
	8. 宣传工作	10
	9. 学籍和资料管理	2
	10. 社团组织	2
	11. 协会活动	5

续表

一级维度	二级维度	分值
教学水平(12分)	12.教育理念	3
	13.课程设置	3
	14.教材建设	3
	15.师资队伍	3
理论研究(10分)	16.科研机构	3
	17.科研活动	2
	18.科研成果	5
远程教育(10分)	19.基本活动	2
	20.基本条件	2
	21.创建活动	6
总体效果(10分)	22.系统影响	8
	23.社会影响	2

从表3-5可以看出,评价维度主要是从"教"的视角出发,而非"学"的视角,由学校的教学管理人员配合即可完成评估。学校管理的分值比例最高为30分,其次是办学条件和规模为28分,在单项指标中,宣传工作的分值比例最高为10分,而教育理念、课程设置、教材建设、师资队伍均为3分,该标准可能会指引老年大学在办学实践中重视宣传工作,对于教学活动相关的核心要素关注不足,容易走向"重外表轻内核"的误区。

2015年,上海市公布了《上海市老年学校建设标准指导意见(试行)》(以下简称《意见》)。这是全国出台的首个基层老年教育机构建设标准的试行指导意见,《意见》共包含6个部分22条,分别是:(1)总则;(2)选址和规模;(3)建设内容和用房结构;(4)主要教学用房、其他教育类用房面积指标;(5)主要教学用房、其他教育类用房基础设施和设备要求;(6)其他要求。《意见》以更好地满足老年人日益增长的多样化学习需求为出发点,为未来老年大学或学校的建设提供多方参考。《意见》主要关注老年大学物理层面的环境建设,如老年大学的地理位置,房屋建筑面积,不同类别室内照明、温度、网络等基本设施及主要设备。

小　结

我国老年大学既不是高等教育向老年群体的延伸,也并非独立自治、自负盈亏的机构,而是需要以高等教育质量保证为前提,走老年大学与社会融合的道路。老年大学的改革是老年教育供给侧改革的重要抓手,推进老年教育供给侧改革,需要理论和实践两个维度的指导,才能提供可靠的依据。管理体制、师资队伍、学习资源既是老年大学理论研究的热点,也是老年大学实践关注的重点。

当前我国老年大学存在的问题归结起来,可以看成是老年大学学习环境的问题,从系统化的视角出发,开展老年大学学习环境的评估与诊断,帮助已有的老年大学通过横向比较,了解自身的优势和不足,提升和改善老年大学学习环境,为即将建设的老年大学提供整体性的、较科学的方案。

在老年大学评价方面,示范性老年大学的评价主要是从政府管理出发,评价目的是关注经费投放及其产出的效益,是否落实了各地的政策方针;评价的方式通常采用自上而下的调查、统计进行评估;评价的结果大多作用于对老年教育机构的管理,成为政策倾斜、资金投入、扶持老年大学增强办学实力的依据。示范性老年大学的评价一方面缺乏对老年大学学习环境的整体评估,另一方面缺乏对老年学习者体验的考虑,进而创新教学模式、提高办学质量、提升老年人学习成效的作用不足。从老年学习者视角出发,开发测量工具以测量老年大学学习环境,能识别出学习者认为学习环境中重要的因素,整合人力、财力和物力资源,综合推进老年大学的可持续发展。

第四章　互联网时代老年学习需求与特点

互联网时代我国老年群体对终身学习的意义描述基于自身状态,"圆梦"需求胜于"第二职业","内向性生活加分"的态度超越"外向性主动贡献",老年群体具有自我导向的学习特点,立足老年学习者终身学习需求与特点,互联网时代老年大学供给服务还存在进一步改善的空间。

第一节　互联网时代老年群体学习价值的感知

本书采用半结构化访谈形式,从老年群体角度探究他们对终身学习的价值感知,根据目的性抽样和方便抽样方式,选择北京5所社区老年大学,进行5次焦点小组访谈,访谈根据时间段的不同,每组有6—8名老年学习者,老年学习者的选择是依据老年大学当天上课情况,采用随机抽样技术来确定的,尽量选择不同班级的学习者,每组的访谈时间平均约为1.5小时,在征得访谈对象同意后,对访谈过程进行录音。访谈具体内容包括参加老年大学的学习时长、学习内容、学习形式、学习困难,是否有参与社区志愿活动或其他志愿活动。

一、老年群体对终身学习的意义描述基于自身精神状态

通过访谈发现,老年人在描述终身学习的价值时,更多是从自身的精神状态出发,对于重视身体健康的老年人来说,他们理解的终身学习更多是能够为身心健康带来益处,通常与养生知识、保健知识和医学知识关联,老年人认为身体健康了,生活质量才能更好,这样的语义关系在访谈中多次体现,如"年纪大了,只有身体好,能走能行的才能多看看这个世界""学习养生是因为这个年龄比较需要,对自己身体有好处"。对于一些参加唱歌和书画班的老年人而言,通过参与学习活动,可能会使得老年人与同伴接触交流的频率增加,扩大了人际交往以及改善了自身内心面貌,但是老年人第一次表达终身学习有什么益处时,会首先回答"掌握了某某技能",并由此使得退休生活变得"丰富多彩"。

二、老年群体对终身学习的需求"圆梦"胜于"第二职业"

在受访的老年人对终身学习的意义建构中,有很多老年人认为学习是重新拾起自己年轻时的兴趣爱好,完成年轻时没有实现的梦想,这也使得老年人能更加积极地享受人生,而不是过度担心"老化"的负面问题。终身学习经常与维持并提高就业能力联系在一起,唐等(Tang 等,2019)对新加坡的 64 名老年人对终身学习的价值感知进行调查,他们认为终身学习的一个重要作用是可以促进生产老龄化,加强个人的工作能力及生存能力。但是在受访者中,并没有老年学习者提及是为了生计或开始第二职业而开始学习,尽管有老年学习者表示自己参加了志愿活动,但是并没有知识、技能或能力的输出与贡献,这可能与中国传统的养老观念有关,老年人自身认为退休后就可以"休闲养老"为主旋律。维林斯卡(Wilinska,2012)的研究也表明一个国家的文化对老龄化问题有重要影响,在波兰,老年人自身并不认为自己衰老了,反而觉得当前时间段(第三年龄)是自由的、可以实现梦想的阶段,也并没有将老龄化作

为一个负面的问题,因此波兰第三年龄大学的建设中更多定位一个人连续性的终身学习,而不是特定年龄才接受的教育。

三、"内向性生活加分"的态度超越"外向性主动贡献"

老年学习者建构的"终身学习"的意义更多是为自己的生活加分,"主动贡献"的意识不足。老年人的终身学习不仅能对自身有益,同时也能对家庭、社区及社会的发展带来益处。在英国的第三年龄大学中,老年人自己可以成为授课的讲师,自己组织老年人的小组活动,他们充分发挥自己的贡献作用。斯利彭贝克(Sliepenbeek,2019)等研究也发现,老年人认为终身学习的过程是一种自我贡献的过程。但是通过此次访谈发现,老年人向社会作出"主动贡献"的意识较弱,如果将教育后辈也理解为一种主动贡献,有一些老年学习者表示"我要多学点,跟上时代发展,不然儿子都会嫌我带孙子都带不好"。通过语境的分析可以推断出,老年人会假定一个背景,例如避免失落与孤独,需要和后辈交流等,于是转换为学习的动力,对于学习本身并没有过多描述,值得思考的是,老年人喜欢学习本身还是喜欢学习之后被重视或关注的感觉。

第二节 互联网时代老年群体学习需求与特点

一、兴趣和成就是老年学习者最重要的学习动机

古列尔米诺(Guglielmino,2008)指出动机和兴趣是成人个体在特定情境下的自我导向学习的重要因素,学习动机是老年学习者重要的学习起点,也是学习过程中对学习情境与学习认知的重要调节,学习兴趣是老年人非常重要的内部学习动机,强烈的内部学习动机能够帮助老年学习者克服在学习过程中遇到的学习困难。通过访谈也印证了个体的兴趣是驱动老年人选择参加学习并持续学习的重要原因。受访者A追溯了自己的经历,她曾经是一名高校

教师,学的是中文专业,她表示"自己年轻时就特别喜欢写写画画,很羡慕别人字写得好,自己也经常去写写,但是那个时候忙于工作没有坚持下来"(A-003)。"特别"二字在词汇表达功能上体现的是突出、强调的作用,受访者对书法喜爱的情愫自年轻时就萌芽并存在心里,到年老退休已经持续了很长时间,发自内心、持久喜爱的情感汇聚成学习者浓厚的兴趣。受访者 B 说"现在好了,在我的家门口办起了这样的班,我的梦想实现了"(B-020),"梦想"是积极态度的褒义词,也可以理解为重新词化的过程,用"梦想"来指代"学习",表征了当前的学习活动对于受访者的意义,自己能够参加书法课的学习是"梦想"得到了实现,体现出受访者将学习活动提升到了较高位置。此外,受访者 A 还分享了自己对书法的理解,"中国传统文化博大精深,自古以来就有书画同源的说法,学习书法不仅仅是知识习得,也是对传统文化的传承"(A-084)。从中国传统文化谈起可能与受访者曾经作为一名中文老师的经历相关,她赋予当前的学习具有"文化传承"的重要意义,言语间流露出她发自内心的对书法的喜爱,反映出老年学习者具有浓厚的学习兴趣,这是老年学习者参加终身学习的重要起点。

老年学习者在学习过程中得到的认可、激励也是促进其持续学习的重要因素。不同的受访者在话语陈述过程中都提及了"成就感"一词,受访者通过举例的形式进行了说明,"老师会帮我们把自己满意的作品装裱起来,看着自己的作品很有成就感"(B-122),装裱的作品体现了作品受到重视程度;"有时候学校还会举办书画展览,我们的作品被放在学校一楼大厅那里展览,被很多人看到,感觉很有成就感"(C-077),得到展示的作品体现了对作者本身能力的认可,"每年快过年时我会写写'福'字送给小区里的朋友,大家都说我写得好,要挂在自己家中,我听了心里特别有成就感"(A-114),折射出作品受到他人的欢迎。受访者的话语中体现了在学习过程中,他们的学习努力得到了老师、同伴甚至社区邻里的认可,这种认可是对老年人的重要鼓励,增强了老年人的学习成就感,激发他们持续学习的意愿,教育机构可以定期举办一些线上及线下的分享、交流、展览等活动,让老年人学习成果面向更多人,增加老年人的学习成就感。

二、信息技术应用能力助力老年学习者的自我监控

自我监控描述了学习者监控自身认知和元认知过程的能力,它包括学习者使用一系列学习策略的能力及对自身的认知能力(Garrison,1997),老年学习者在学习过程中,会使用提问、反思策略帮助自己的学习,同时会依托信息技术手段寻找资源、分享学习成果。当研究者问及老年人学习方式的问题,如每周上几次课,每次多久,课后怎么学习,受访者详细地介绍了自己的学习过程。在每周一次的面对面的教学环境中,受访者最常用的是"反思"的策略,例如受访者 D 说"学习过程中要不断思考和积累,字形、结构、落笔力度以及间距,自己大概内心要有个底"(D-042),当自己写得不好看的时候,或者临摹字帖上有晦涩不认识的字时,老年人会积极主动地问老师,例如"在开始学习时困难比较多,主要是眼睛花,看字帖中小的字有点困难,其次是自己手抖,在练习下笔的时候,落笔不好,经常向老师请教"(A-036),老师帮助老年学习者分析并示范,通过个性化地指导帮助老年人掌握写作技法。在课后,受访者表示自己也会经常琢磨,在家中上网搜索好看的字帖,下载下来进行临摹。受访者 A 表示"在以前那个年代哪敢想象现在的这种学习方式,学习资源在网上我都能反复地看"(A-102)。对语篇的分析发现,一方面老年人对通过互联网拓展学习资源比较满意,另一方面也反映出老年人具备有基本的信息技术应用能力,为其开展基于网络的终身学习提供了重要支撑。受访者 B 表示,"有的同学经常把写的作品拍下来,发在班级微信群里,同学之间会相互点评,哪个字写得好,好在那里,哪个字写得不好"(B-058)。微信是当前重要的社会性交互工具,微信的使用人群已经延伸到老年群体,成为他们学习和交流的重要工具,老年人基于微信的即时沟通与讨论形成了学习共同体。老年学习者信息技术检索能力、网络环境下的沟通能力帮助老年人更好地实现

了学习过程中的自我监控。

自我监控是在学习过程中使用一些策略和工具,帮助学习者更好地学习。老年人已具备有一定的信息素养和信息能力,在互联网时代,要基于无障碍理念,为老年人设计和开发适合的学习资源,例如针对同一个知识点,提供文本、音频或视频等不同形式的资源,供老年学习者自主选择适合自己的资源以开展学习。此外,还可以发挥人工智能技术,设计开发语言识别与检索的智能工具,帮助那些有视觉障碍,或有输入障碍的老年人在互联网环境中找到适合自己的资源,使得老年人的正式学习与非正式学习融合起来。

三、老年学习者具有高标准严要求的自我管理

自我管理描述了学习者对情境条件的控制和改造(Garrison,1997),老年学习者能够根据自己的能力安排学习进度,实现终身学习过程中的自我管理。授课老师每周都会布置一次作业,要求在下次课之前提交,"我们大家都希望自己的作业能够完成好,我有空的时候也不停地写、不停地练,有一次甚至写到晚上十一点多"(C-055),虽然写到晚上十一点多,但受访者的话语态度是积极的,表示其个人很乐意接受这个学习任务,自身的学习状态也很好。"有的同学太认真了,老师只要求交一张作品,他写了十几张,然后挑一张自己最满意的给老师"(D-042),在数量上的对比,反映出老年人对待学习任务的态度,老年学习者虽然伴随着年龄的增长,在学习过程中会遇到不同程度的障碍和困难,但是他们能够根据自己的实际情况,通过自主地多次练习来达成学习目标,老年学习者在学习过程中的行为体现对学习的高要求,反映出老年学习者自我管理的能力,学习者能够根据自己的实际情况制订学习计划,调整学习进度,对自己的学习结果进行评估,可以充分利用大数据和学习分析技术,收集老年人多模态数据,通过可视化的方式,为老年人呈现学习仪表盘,帮助老年人动态地掌握自己的学习过程,也能够及时地为老年学习者提供个性化的支持服务,还可以设计开发一些操作简单、用户体验好的移动 App,定期推荐

给老年人个性化学习资源,基于老年人的学习过程记录,对老年人的学习结果进行评价,给出综合性评价意见。

四、多元社会交互环境促进老年学习者自我导向学习

个体具备自我实现与自我成长的潜能,但是潜能的实现受社会情境和个体之间的相互作用影响(潘星竹等,2018),对受访者而言,周围的学习环境对其终身学习的过程产生了重要影响。受访者表示,自己的子女非常支持自己走出家门,"他们都很鼓励我来这里上课,平时不需要我照看孩子,所以没有事情我基本每周都来"(C-027)。"我女儿隔一段时间就会问我缺不缺墨啊纸啊之类的,都是提前帮我买好"(B-063),反映出受访者的后辈能意识到终身学习是帮助老年人实现积极养老的重要方式,为老年人的终身学习营造了相对宽松的家庭环境。受访者也表示,之前自己很多老同事都去了老年大学,"有几个去上的摄影课,经常背着相机出去采风,拍一些风景照片发在朋友圈里,拍得非常好看"(D-056)。老同事积极参加老年大学的行为构建了良好学习氛围,对其参加终身学习并付诸行动有重要的影响。

与教师、同伴之间的社会性交互也是促进老年人参加学习的重要因素,授课教师个性化的教学方式让受访者对学习环境感到非常满意。"老师边写边示范,告诉我们哪个字写得好,这样我们一天天在进步"(B-043),"张老师帮我们每个人都刻了一个签名章,自己写得满意的作品盖上章,顿时感觉自己像一个专业的学书法的人"(A-054),"感觉"体现了老年人的心理活动过程,通过自己的努力达成学习目标,也实现了自我价值。篆刻印章本身是一个很花时间的工作,老师为学生篆刻,体现了老师把老年学习者当作朋友一样的身份定位,体现和谐的师生关系。与授课教师之间的社会性交互不仅给予学习者方法层面的指导,也给以学习者学习认可。课程管理老师更多是为老年学习者提供非教学性的支持服务,课程管理老师贴心的教学服务也给予了老年学习者情感慰藉,增加了老年学习者的归属感。"马老师太贴心了,每次课前都

会用水瓶帮我们打好开水,放在最前排的桌子上。有时候天气不好,上课前总会提醒我们路上注意安全"(C-044)。"每次""总"体现的是频率,反映出课程管理老师面向老年人这一特殊群体的细致考虑,服务定位准确,可以看到一个充满温暖和关心的教学环境。除此之外,学习伙伴之间的交流也消除了老年人学习的孤独感,增进了情感交流,"在这儿我不仅仅是学了一门课程,更重要的是我交到了志同道合的朋友"(D-046),老年人之间不仅能够相互探讨学习问题,而且能够交流生活感悟,"经常有同学告诉我哪里有书画展,叫我一起去看展览,生活过得很充实"。老年人社会交往与互动的场景不断丰富,增加了老年人愉快的学习体验,激发老年学习者投入学习的热情。

外在社会交互环境为老年学习者的自我导向学习提供了氛围、资源等支持,对于老年学习者自我导向学习有不可或缺的作用,这也是社会整体推进老年教育可以作出的努力。老年人的子女要积极鼓励老年人参加终身学习,也要懂得利用互联网技术,增进与老年人之间的沟通与理解。对于从事老年教育事业的教师,首先要变革教育理念,其角色不仅是教学设计者、活动组织者,也是学习分析者与学习促进者;其次要尝试教学模式和教学方法的创新,增进学习者与教师之间、学习者之间的交互。

第三节　互联网时代老年大学供给服务的问题

尽管当前我国老年大学的规模不断扩大,但老年大学的供给服务仍面临一些问题,主要表现在以下4个方面。

一、单一非学历教育供给单元滞后精神追求目标且难以保障质量

当前我国老年大学主要办学形式有短期课程班、培训、专家讲座等,开展以非学历教育为基本内容的教育服务(王柱国等,2020),非学历教育属于终

身教育体系的重要部分,能够满足老年群体愉悦身心、充实生活的需求,但我国老年大学以非学历教育作为单一供给单元存在一些不足,主要有两个方面:第一,滞后于一些老年学习者期望实现人生价值的更高精神层次的追求。当前我国老年人口文化水平不断提高,根据2021年最新人口普查统计数据,60岁以上人口中,拥有高中及以上文化程度的有3669万人,除了消遣时光、提高生活质量之外,许多老年人希望能获得国家认可的学历和学位,实现自己年轻时的梦想,这成为老年学习者展示自我学习能力的重要途径。第二,非学历教育缺乏学历教育引领下的系统化人才培养方案的设计和课程开发,部分老年大学教学中还存在"三无"状况,即无教学计划、无大纲、无教辅材料,教学不够规范(徐旭东等,2020),难以保障教学质量。

二、集中面授为主的供给方式缺乏灵活多样特点

当前我国老年大学的教学组织形式主要是在规定的时间到老年大学的教室开展集中面授,通常会在招生简章中明确上课的地点及上课次数,一方面缺乏实践类教学课程,另一方面也忽视了网络学习方式,教学过程缺乏灵活性。由于老年大学的场地有限,且一些老年学员课程结束后不愿离校,导致老年大学通常一座难求。一些老年群体具有强烈的学习意愿,但是往往会因为路途遥远产生顾虑,随着身体健康程度下降,行动能力削弱,学习过程中会遇到较多的困难和障碍,也逐渐失去了学习的积极性。

三、闲暇类别供给内容难以满足时代和个人需求

老年大学主要关注老年人的健康和兴趣爱好,开设的主要课程是书法、绘画、音乐、戏曲等闲暇内容的课程。研究选择10所依托普通高校建立的老年大学,基于网页上招生简章中的课程信息等,对其课程设置进行了整理,见表4-1。

表 4-1 部分高校老年大学的课程设置

序号	名称	网址	课程类别（或班级类别）
1	北京师范大学老年大学	http://rws.bnu.edu.cn/docs/2019-05/201905280941419643-91.pdf	书法、绘画、英语、文学、篆刻
2	对外经贸大学老年大学	http://ltxc.uibe.edu.cn/lndx/zs/63413.htm	合唱班、摄影班、绘画班、书法班、舞蹈班、健身操班、钢琴班、英语班
3	上海师范大学老年大学	http://lndx.shnu.edu.cn/	钢琴系、器乐与戏曲系、声乐系、舞蹈系、文史与外语系、书画系、家政与保健系、摄影与电脑系、艺术团
4	复旦大学老年大学	http://retiree.fudan.edu.cn/tgh/27/fe/c3551a206846/page.htm	钢琴、声乐、舞蹈、书画、摄影与图像处理、拳操、文化
5	上海交通大学老年大学	https://www.oldage.sjtu.edu.cn/info/1003/1377.htm	舞蹈、旅游文化、声乐、书法、中医（经络养生）、太极拳、英语、时装表演、绘画、器乐
6	武汉大学老年大学	http://www.ltx.whu.edu.cn/info/1025/1781.htm	舞蹈类、器乐类、戏曲类、时装模特类、养生健身类、语言文学类、声乐类、美术类、摄影类、电脑类
7	华中科技大学老年大学	http://ltxc.hust.edu.cn/info/1136/3610.htm	绘画、书法、声乐、古诗词赏析诵、时装模特、声乐、英语、电子琴、太极拳、舞蹈
8	南京大学老年大学	https://lndx.nju.edu.cn/Index-help-type-kczb.html	国学、声乐、舞蹈、摄影技巧和后期、英语、器乐、书画、戏剧、拳操、网络技巧
9	南京航空航天大学老年大学	http://ltxc.nuaa.edu.cn/2020/0709/c1940a208313/page.htm	书法、国画（山水）、实用英语口语、声乐（合唱）、摄影、中华诗词赏析
10	西南交通大学老年大学	https://ltc.swjtu.edu.cn/info/1055/2030.htm	音乐、舞蹈、绘画、摄影、太极拳、瑜伽、旅游英语

老年大学最主要的课程分为器乐、声乐、舞蹈、摄影、拳操以及基本网络技巧，有的分为基础班、常规班和提升班，课程设置呈现趋同化的特点，以满足老年人兴趣爱好、认知发展和情感的需要，普通高校的通识类别课程并没有惠及

老年群体,对于退休前准备、理财、面对死亡等内容基本没有涉及。徐旭东等按照麦克拉斯基的老年学习需求五个层次,对浙江"第三年龄学堂"学习平台课程资源情况进行分析,发现课程仅满足了老年学习中应付型、表达型的需求,尚无为志愿服务提供专业技能培训、生命回顾、价值追求类的课程,也缺乏对老年人心理状态和健康状态的引导,难以满足新时代老年人多样化的学习需求(马丽华,2020)。此外,一些老年大学认为老年学习者存在信息技术鸿沟,为老年学习者提供的学习资料以纸质教材为主,智能化的老年教育资源供给不足,与信息化的发展速度不匹配。

四、依赖传统教师供给主体缺乏积极老龄化回应

当前老年大学的教师队伍主要依赖于传统教师,主要来自于普通高校的兼职教师,部分来自于行业、企业人才,对传统教师具有极强的依赖性,从事老年教育的专职人员不仅数量少,且专业化不高,流动性较大(Formosa,2014)。在2002年世界卫生组织提出了"积极老龄化"的倡议,积极老龄化强调"健康、参与、保障",鼓励老年人通过继续学习、发展能力、自我实现等内向性活动提高生命质量,通过继续就业、做志愿服务、照料他人等外向性活动为社会经济发展做贡献。积极老龄化替代了过去消极老龄化观念,成为全球共识,也是老龄化社会的核心价值取向,老年人不再被看作是社会的负担,而是社会的财富和力量。每一位老年学员都具有丰富的生活经验和阅历,是知识网络和社会关系网络中的重要节点,将分散在不同私人空间的老年人吸纳在一起,发挥老年学习者的专长为其他学习者提供学习资源、学习服务或其他帮助,搭建知识联通和社会关系联通的网络,体现出"能者为师"。

第四节 互联网时代老年大学供给侧改革方向

为了更好地推动互联网时代老年大学的供给侧改革,可以从制度层、策略

层和基础层三个方面入手,构建互联网时代老年大学供给侧改革的框架(见图4-1)。

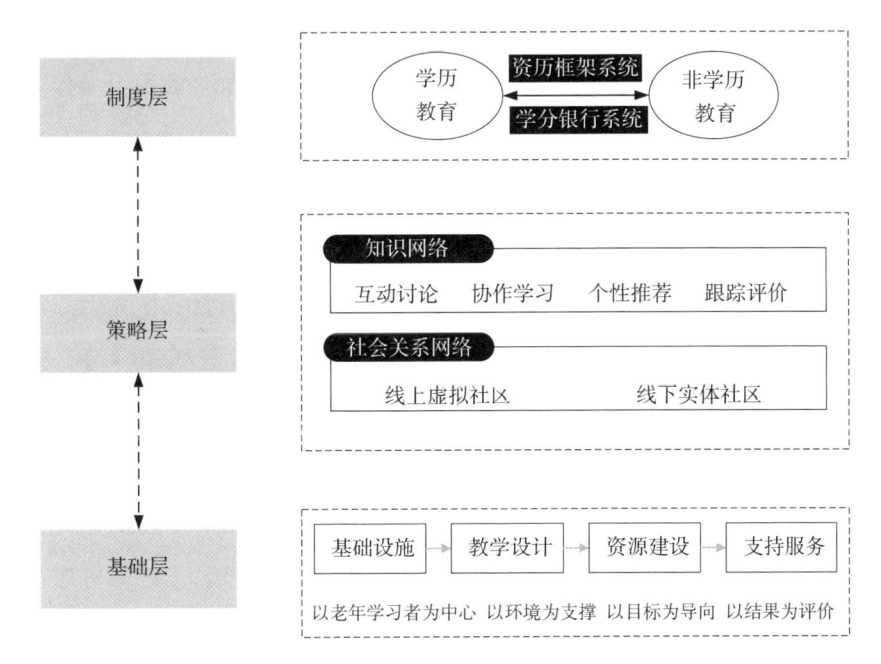

图 4-1 互联网时代老年大学供给侧改革框架

一、制度层:依托终身学习资历框架,融合不同教育类型

互联网时代,老年大学从顶层设计入手,建立资历认证制度和学分认证、累计和转换制度,满足老年人学历教育和非学历教育的双重学习需求。学历教育体系能够制定规范的人才培养方案,指导学时安排、学分安排及课程安排等,系统地规划教学组织活动,能够保障教学质量,老年学习者完成学业后,可以获得相应的学位和学历证书,弥补年轻时未实现的梦想。非学历教育具有灵活性的特点,如老年短期课程培训班等,基于学分银行系统,课程结业证书可转换为学历教育课程学分,此外老年人过往的学习经历、工作经验、工作技能、技术创新、技术成果等方面的资历,也可以转化为相应的学分,架起学历教育与非学历教育之间的桥梁,满足老年人多样化学习需求。

二、策略层：开展混合式教学，联通知识网络和社会关系网络

互联网时代老年大学要为学习者搭建知识联通和社会关系联通的网络，而不是单纯依靠教师个人去讲授知识。每一位老年学员都具有丰富的生活经验和阅历，是知识网络和社会关系网络中的重要节点，老年大学正是要基于线上和线下的教学活动，将分散在不同私人空间的老年人吸纳在一起，形成不同兴趣的交往圈子，鼓励老年人以主体的身份参与，根据自己的专长为其他同学提供学习资源、学习服务或其他帮助。教师可以设计互动讨论、协作学习等活动，帮助老年人寻找到知识网络中有价值的节点，依托大数据和学习分析技术，为老年学习者提供个性化推荐、跟踪评价和清晰的学习路径，促进老年学员的自主学习，并建立自己的知识网络。

构建良好社会关系网络对老年学习者而言也是十分必要的，要充分发挥信息技术的优势，构建线上与线下相结合的学习社区。在线上，教师可以帮助老年人建立课程QQ群、微信群，形成学习社群，根据不同小组的进度差异，有针对性地辅导，增加老年学习者与教师、同伴之间的交流。在线下，通过面对面的形式开展辅导与实践教学活动，为老年学习者讲授重难点知识，开展辅导答疑，对于一些实践性课程，为了更好地帮助老年学习者形成深刻的学习体验，可以帮助老年学习者定期开展小组实践活动，共同完成学习任务，提高老年学习者的学习动力。

三、基础层：设计老年友好环境，提供个性化学习支持服务

老年大学的学习环境是支持老年人开展终身学习友好性条件的统合，互联网时代老年大学的友好性不仅包括物理环境，也包括社会的、心理的、技术的及信息的环境，融入在老年大学的基础设施、教学设计、资源建设及支持服务的过程中。

基础设施的建设包括两方面，首先是物理空间建设，老年大学在物理层面

要体现无障碍性,充分考虑实体教室的温度、光照、桌椅空间大小等,为老年学习者营造温馨和友好的学习氛围;其次是信息化教学平台的建设,在互联网时代,在线学习不仅是年轻人偏好的学习方式,也应该成为老年教育的新场景,老年大学要利用现代信息技术,搭建教学平台,为老年学习者"处处能学、时时可学"创造条件,为一切具有学习意愿的老年人开放,为老年人提供更加灵活、个性化的学习方式,老年学习者可以根据身体状况、学习需求、学习进度等合理安排自己的学习步调,合理选择参加面对面的学习,或者参加在线学习。

老年大学教学活动的开展需要遵循高等教育规律,制定规定的人才培养方案,前期需要开展调研,了解老年学习者整体学习需求和个别化的学习需求,邀请专家进行论证,明确培养知识、能力要求,形成了针对老年学习者的系统化人才培养方案,基于人才培养方案指导老年学历教育和非学历教育的教学活动,并开展教学设计,突出以老年学习者为中心的理念,明确学习目标,关注老年学习者的学习成效。鼓励不同的学习方式能获得同等的学分和学习质量,基于不同学习方式,为老年学习者提供多元化的评价方式,激发老年学习者的学习热情。

在课程资源的开发方面,鼓励一切有知识、技能的老年人都可以参与到老年课程资源的建设中,老年人成为课程建设的重要力量。老年大学的课程可以采取系统化、模块化的设计方法,使得老年学习者在完成必修课程的基础上,根据兴趣选修素质培养课程和专业方向课程,不局限于书法、绘画、艺术类课程,结合老年学习兴趣及教学实际,可以融入地方文化特色,开设内容丰富的选修课程,提高老年学习者的学习兴趣,设计开发形式多样的数字化教学资源,如音频、视频资源等。值得指出的是,资源开发要融入无障碍的理念,使得老年学习者可以顺利、无障碍地学习和使用。

互联网时代老年大学是一个开放联通的学习空间,不断开放场地设施及师资资源,与社区互动,面向社区老年人群开展形式多样的老年教育活动,为老年人提供更好的学习服务平台。基于社区的老年学习,不仅在空间地域上灵活方便,降低了交通成本,回避了出行困难和安全隐患,更重要的是与居住在共同地域的老年人形成相对稳定的人际关系,基于线下邻里学习互助,组建学习圈、学习小组,不仅能够调动老年学习者的学习热情和积极性,更有利于增进社区情感,激发社区活力。

第五章　互联网时代老年大学学习环境理论基础

互联网时代老年大学学习环境服务于老年群体的终身学习,以帮助老年群体实现积极老龄化,社会空间理论从空间的物质性、社会性和精神性三个维度为互联网时代老年大学学习环境提供理论框架,老年友好城市理论指引老年大学学习环境凸显老年友好性特征,联通主义理论为互联网时代老年学习者学什么、如何学提供观点支撑,成效为本教育理论为互联网时代老年学习者如何评价提供参考。

第一节　社会空间理论下老年大学学习环境

一、社会空间理论核心观点

早期松佳(Soja,1989)从人文地理环境角度出发提出了空间理论,他认为不同的地理区域环境或不同的建筑环境会对社会生活和生产过程产生重要影响,空间的分布、空间特征以及空间格局都是空间研究中的重要内容,他的观点突出了自然空间的重要性,启发了建筑学、环境学等相关研究。

伴随着实践的发展,人们逐渐认识到社会生活和生产离不开"人"这一主体,人的活动塑造了空间,使得空间具有生命活力,形成社会空间,社会空间与自然空间密切关联,相互影响。马克思提出历史辩证法,阐明了实践的价值与意义,启发人们关注社会实践,也进一步加深了人们对社会空间的认识。马克思考察人类对空间认识的历史,将其分为三个阶段:一是着重考察对物理形态空间的认识;二是着重考察对精神和艺术空间的认识;三是着重考察对社会意义空间的认识(孙全胜,2020)。马克思的社会空间观考察的是对社会意义空间的认识,视角更宏大,他立足于当时的社会背景,对资本主义的社会空间进行批判,分析其中蕴含的分配不平等性,号召建立共产主义社会空间。

1974年列斐伏尔出版了《空间的生产》一书,提出了社会空间理论,但该书开始并没有得到较大关注,而是在1991年被翻译后受到广泛关注。列斐伏尔"空间的生产"的观点继承了马克思"空间生产"的思想。列斐伏尔提出的社会空间理论包含"社会空间"的概念以及"空间再生产"的问题,他认为社会空间是由空间实践、空间的表征与表征的空间三个层次构成的辩证统一关系,分别对应空间的物质性、社会性和精神性。空间的物质性属于自然与物质性领域,可开展实践活动;空间的社会性是社会实践活动及产生的社会关系;空间的精神性表征为想象或构想的实践活动精神意义(陈波等,2021)。"空间再生产"以人的实践活动为基础,实质是建构符合人们需要的社会空间(林聚任等,2019),物质性是空间生产的基础,在空间生产过程中会不断地促进物质空间向社会空间和精神空间转换。

付强等(2019)将社会空间理论引入学校场域,将学校教育空间分为物理空间、知识空间、人际空间和体验空间四个部分,物理空间是学校教育空间的物质性构成,人际空间是学校教育空间的生成性构成,知识空间是学校教育空间的符号化构成,体验空间是学校教育空间的感知性构成。学校教育空间的再生产依赖这四个空间,既具有独立性,又相互关联,形成学校教育空间的整体。

李爽等(2020)基于列斐伏尔的三元辩证观提出了"互联网+教育"的学习空间观,将社会空间理论拓展到互联网时代学习空间中,指出物质空间是社会活动的基础与载体,如场所、设备、建筑等,提供了社会活动所需要的物质条件;社会空间是社会活动开展所依赖并不断生成的社会关系与秩序的空间;精神空间是个体在物质空间和社会空间中通过实际学习体验和整体感受所主观构建生成的自我反思和对话的空间。在信息技术的推动下,物质空间、社会空间和精神空间呈现联通与融合的特征。

二、社会空间理论下老年大学学习环境

基于社会空间理论,互联网时代老年大学学习环境也具有物质性、社会性及精神性三方面特征。互联网及智能技术快速发展的时代背景、老龄化日益严峻的社会背景,都对老年大学学习环境产生重要影响,社会空间理论下老年大学学习环境具有以下特点。

(一)老年大学学习环境物质性包含实体空间和虚拟空间

随着互联网和信息技术的发展,网络环境成为人们终身学习的重要场景,技术成为推动老年大学学习环境物质属性改变的重要因素,老年大学学习环境要适应互联网时代网络学习的需求,其物质属性不能只停留在校内的实体空间或基础设施、设备上,还应该关注在线学习空间、虚拟学习空间及老年大学校外非正式的学习空间,形成不同的学习场景。老年大学无论是实体空间还是虚拟空间,在不同的学习空间中,要体现技术无障碍、互动沟通交流无障碍等,实现老年群体终身学习场景和学习方式多元供给。

(二)老年大学学习环境社会性和精神性与积极老龄化理念一致

互联网时代老年大学学习环境的社会性体现在学习活动及人际关系的重塑,包含老年大学的教师与老年学习者之间的师生关系,老年学习者与同伴之间的伙伴关系,以及老年学习者与年轻人之间的代际关系。基于学习场景、学习活动和学习方法的创新与变化,这三类社会关系也呈现出新的特征。互联

网时代老年大学学习环境的精神性体现在关注老年群体的主体性，构建老年学习者的精神空间。通过转变老年教育和老年学习的供给观念及服务模式，将老年学习的过程从退休后消遣娱乐打发时光，转变为再社会化、继续服务和贡献自己的力量，体现出老年群体的社会价值，丰富个人生活内涵。积极老龄化的理念也正是鼓励老年人通过内向性活动提高生命质量，通过外向性活动为社会经济发展做贡献，升华生命意义，可以说老年大学学习环境社会性和精神性与积极老龄化理念具有内在一致性。

（三）老年大学学习环境支撑学习活动，学习活动塑造老年大学学习环境

互联网时代老年大学学习环境为老年终身学习活动提供支撑，尤其是老年学习环境的物质空间，是老年终身学习活动的基础条件。从社会空间再生产来看，老年学习者在老年大学的学习活动承载了老年大学的空间再生产，例如在学习形式上，从个体学习向群体学习的转变，能者为师，体现出社会关系的去中心化，形成新的师生关系和伙伴关系；老年大学向社区开放，建立社区学习圈，使得老年人可以与更多年轻人一起学习，形成新的代际关系，帮助老年学习者提高生命质量、较好地适应老龄化社会，重塑了老年大学的社会空间和精神空间。

第二节　老年友好城市理论下老年大学学习环境

一、老年友好城市理论核心观点

2005年，世界卫生组织首次提出了"老年友好型城市"（Age-friendly City）概念，并于2006年启动了"友好城市和社区的全球网络"项目。老年友好社区是从老年友好城市的概念衍生而来的，艾利等（Alley,2007）从人与环境匹配（Person-environment-fit）角度将老年友好社区定义为：通过完善的基础设施

和服务,有效满足老年人多样化需求,让老年人可以积极参与社会活动,并实现自我价值的社区。这一概念强调当老年人个体身心技能的变化难以适应周边环境的时候,必须从社会、物质、心理等层面改善社区环境,即通过设施、服务、政策等多方面的支持,最大限度地满足社区老年人的不同需求(李小云,2019)。老年友好城市建设框架包括八个维度(见图5-1)。

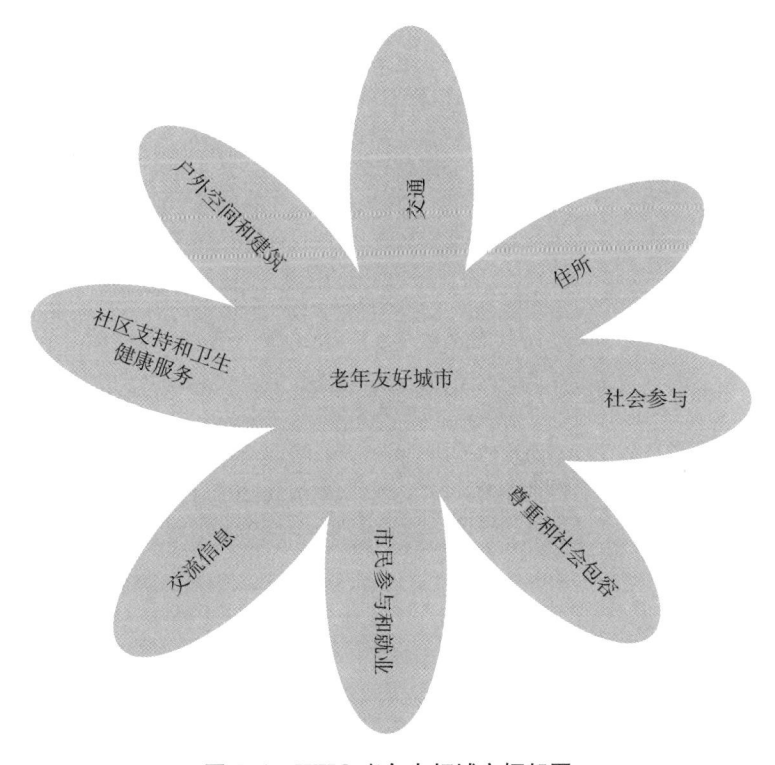

图5-1 WHO老年友好城市框架图

从图5-1可以看出,老年友好城市框架包括物质空间环境和社会环境两大类。物质空间环境包括户外空间和建筑、交通及住所3个方面,体现了对住与行方面的关注。社会环境包括社会参与、尊重和社会包容、市民参与和就业、交流信息、社区支持和卫生健康服务5个方面,强调老年人自主参与社会事务、发挥自身才能的积极态度。

2007年,世界卫生组织对全球22个国家33个城市进行调研后,制定了

《老年友好城市基本特征清单》，确定了老年友好城市的一系列核心特征（Plouffe 和 Kalache，2010），这些特征旨在为社区评估其优势和差距、倡导和计划变革以及监测进展提供参考。基本特征清单如表 5-1 所示。

表 5-1 老年友好城市基本特征清单

序号	维度	特征标准
1	户外空间和建筑	环境；绿化带和走道；户外休息区；人行道；马路；交通；自行车车道；安全性；服务；建筑物；公共卫生间
2	交通	可支付性；可靠性和频次；目的地；老年友好的交通工具；专门性服务；爱心座位；交通司机；安全性和舒适性；公交站点；信息；社区交通；计程车；马路；司机的驾驶能力；停车场
3	住所	承受能力；必需服务；房屋设计；房屋改建；房屋维护；老年适宜性；社交；房屋选择；居住环境
4	社会参与	活动的可参与性；活动的可承受性；活动的覆盖范围；设施与配置；活动的关注及推广；杜绝孤立；促进社区一体化
5	尊重和社会包容	尊老的内涵；公众的尊老意识；跨代和家庭交流；公众教育；社区性因素；经济性因素
6	市民参与和就业	志愿者的选择；职业选择；培训；再就业；社区参与；价值贡献
7	交流信息	信息提供；口头交流；书面信息；普通话；自动化交流和设施；计算机和因特网
8	社区支持和卫生健康服务	服务的可及性；提供服务；志愿支持；紧急预案和照顾

2010 年，世界卫生组织又启动了一项全球性行动——全球关爱老人城市和社会网络，22 个国家/地区的 145 个城市加入了该网络，以推进全球对老年友好城市的理解和认识，并开展行动，每个成员城市都需要完成一个为期 5 年的评估，重点关注有助于老年人接受服务并作出贡献的基本功能或领域，世界卫生组织为世界各个国家和地区的城市提供了一个信息交流平台。除此之外，全球范围内还有一些其他项目促进老年友好城市（社区）的建设，例如欧盟委员会成立了"老年友好环境行动小组"，作为"积极和健康老龄化欧洲创新合作伙伴计划"的一部分，该合作伙伴组织约有 70 项承诺，老年友好城市

建设形成了参与和理解、规划、行动和实施、评估四个步骤。

2015年联合国教科文组织出台可持续发展目标,其中第11项目标(SDG11)是"建设具有包容性、安全、有复原力、可持续的城市和人类住区",该目标下许多内容与"老年友好城市"密切相关,例如"扩大公共交通,特别关注老年人的需要","加强参与性、综合性","面向老年人提供安全、包容、无障碍、绿色的公共空间"等。随后世界卫生组织也出台了多个关于老年友好城市的政策及文件,详见表5-2,文件中多次提及老年友好城市建设框架的内容,推进全球老年友好城市进程。

表5-2 世界卫生组织关于老年友好城市相关政策及文件

年份	政策/文件名称
2015	关于老龄和健康的报告 World Report on Aging and Health(WHO)
2016	针对老龄和健康的全球策略和行动计划 Global Strategy and Action Plan on Aging and Health
2017	针对健康老龄化的10年优先行动(2021—2030) 10 Priorities for a Decade of Action on Healthy Aging(2021—2030)
2018	世界卫生组织2019—2023优先事项 Priorities for 2019—2023
2019	加强合作,更多健康:为了所有人康乐生活的全球行动计划 Stronger Collaboration, Better Health: Global Action Plan for Health Lives and Well-being for All
2020	健康老龄化行动十年2020—2030提案 Decade of Healthy Aging(2020—2030)

二、老年友好城市理论下老年大学学习环境

老年友好城市理论下老年大学学习环境具有以下特点:

(一)老年大学物理环境和组织环境的规划

老年友好城市的建设体现了积极老龄化的理念,鼓励城市或社区从物理

环境和社会文化环境两方面出发,既满足老年人日常生活的基本服务的需求,也鼓励老年人的社会参与,给予老年人尊重,提供老年人培训、再就业等活动,促进老年人贡献价值,形成积极老龄化社会。借鉴该理论具体到老年大学这一实体机构中,老年学习环境中既要重视物理环境建设,也要扩大包容性,注重组织环境建设,关注志愿者、再就业、培训、老年大学管理参与等。

(二)互联网时代老年大学学习环境的建设步骤

当前我国老年大学类型多样,所处的发展阶段、办学形式、发展规模和发展目标存在较大差异,例如部分老年大学以短期课程班为主要形式,部分老年大学以社会培训为主,互联网时代老年大学学习环境的建设可以参考老年友好城市的建设思路,按照参与和理解、规划、行动和实施、评估四个步骤展开。首先是参与和理解,老年大学要理解学习环境建设对于老年大学发展的重要性和必要性。其次是规划老年大学学习环境的建设路径,值得指出的是,老年大学需要找到自身的优势和不足,尊重老年大学自身特点。再次是行动和实施,开展老年大学学习环境改善与建设。最后是开展评估,在推进老年友好城市建设的过程中,组织层面出台的各类制度和文件,能提供良好的制度保障。

第三节 联通主义理论下老年大学学习环境

一、联通主义理论核心观点

联通主义学习理论最早由西蒙斯(Siemens,2005)在《联通主义:数字化时代的学习理论》一文中提出。他指出在过去的十几年中,学习由于受到技术的影响已经发生了很大的变化,在网络时代知识的半衰期缩短,知识更新速度剧增,导致了学习方式的改变。在此背景下,他以混沌理论、网络理论、复杂理论和自组织理论为基础,提出了数字化时代的学习理论——联通主义。

(一)联通主义知识观

西蒙斯(Siemens,2005)认为学习和知识存在于多样化的观点之中,学习是一个与特定的节点和信息资源建立连接的过程,不仅发生在课程中,也发生在对话、网络搜索、邮件、阅读博客等活动中,课程不是主要的学习渠道。在网络数字化时代,知识在被大众接受和认可之前可能已经被替换和修改,这种知识是一种"软知识"。知识具有不同的类型,主要包括"知道关于(knowing about)、知道如何做(knowing to do)、知道成为(knowing to be)、知道在哪里(knowing where)、知道怎样改变(knowing to transform)"。联通主义学习中的知识是一种"软知识",主要包括"知道在哪里"和"知道怎样改变"两种(王志军等,2014)。陈丽等(2019)基于"互联网+教育"的实践,提出了回归论的知识观,回归论知识观认为,知识是人类所有的智慧,不分载体形式,不分来源阶层,不分来源种族,都纳入知识谱系中,这种知识不仅存在于书本中,还以各种形式存在于人类个体中。回归论知识观对传统知识观进行了发展与创新,强调互联网环境中的知识具有存储与生产网络化、标准个性化、载体多模态化、颗粒碎片化等特征,以及互联网环境中知识生成和进化呈现问题驱动、群智协同、生产与传播同程、过程非线性等新特征。回归论知识观揭示了互联网环境下,知识回归到智慧本源以及"互联网+教育"实践背后的深层次原因,颠覆了传统的精英生产知识的模式。

(二)联通主义学习观

西蒙斯(Siemens,2005)认为联通主义的学习是连接和网络形成的过程,个体可以在知识网络中找到有价值的节点,新知识的活动不受一个传递灌输或者直接转化的过程,而是包含了丰富的认知和情感的参与。当个人具有丰富的知识或经验,其本身就是联通主义学习网络中的重要节点。王志军等

(2015)指出,联通主义学习的核心是教学交互,并提出了联通主义教学交互理论模型(见图5-2)。

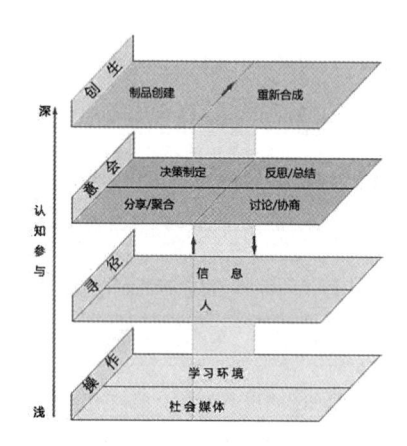

图5-2 基于认知参与度的联通主义学习教学交互分层模型

该模型按照认知参与度从浅入深,将教学交互分为操作交互、寻径交互、意会交互和创生交互四层,操作交互创造了联通主义学习发生的交互空间,是其他三类交互发生的前提和基础;寻径交互是联通主义学习发生的持续动力,是深层次交互发生的推动器;意会交互为联通主义学习发生提供集体智慧的支持,是创生交互的孵化器;创生交互是联通主义学习持续开展的关键,也是四类交互的制高点(王志军等,2019)。联通主义学习是在这四类交互的相互作用下,实现螺旋式的知识创新和网络扩展与优化。

(三)联通主义教师观

联通主义认为教师从传统课堂教学中的控制中心,变为影响或塑造网络的角色(Siemens,2005),在互联网的学习情境中,网络成为重要的场景,教师要能引导学习者在复杂的网络中"寻径"以找到有意义、有价值的信息,将学习内容过滤或聚合后推送给学习者,进而帮助学习者反思和自我对话,创生新的知识。陈丽(2019)指出互联网时代知识回归到不同个体中,教育资源的供给不再局限于学校,全社会蕴含丰富的教育资源,教师不再局限于有教师资格证的人,凡是有某一方面知识或技能的人,都可以成为教师。

二、联通主义理论下老年大学学习环境

联通主义理论下老年大学学习环境具有以下特点:

(一)老年大学学习环境核心任务是促进学习交互

联通主义理论认为,学习交互是促进学习的核心,互联网时代老年大学的学习环境以老年学习者为中心,构建互联互通的知识网络和社会关系网络,促进老年学习者与学习内容、学习同伴、教师以及社区群体之间的多元交互。老年大学的学习交互并不追求老年学习者达到创造新的知识,而是建立老年学习者与社会、知识的联结关系,形成知识管道,一方面能帮助学习者解决学习困难,提高学习的质量和成效,另一方面也能够丰富老年学习者的情感,实现情感慰藉。

(二)管理者、教师及老年学习者共创老年大学学习环境

联通主义视角下老年大学的学习环境建设是老年大学、教师及老年学习者共同构成一个联通的网络,共创良好的学习环境。老年人一生中已经积累了丰富的知识、技能、经验,在学习过程中,可以与同伴形成互帮互助的机制,将学习过程转换为知识共筹、群体生产的过程,不仅能充分发挥老年学习者的学习主动性,而且能形成同伴、教师之间良好的社会关系。可以说,老年学习者既是学习者,也是资源的提供者,有时也是知识的传播者,在学习过程中讨论与协作产生的生成性的资源,也是开展下一轮学习活动的宝贵教学资源。

第四节　成效为本理论下老年大学学习环境

一、成效为本教育理论核心观点

成效为本教育理论(outcome-based education theory),有时也称作"成果导向教育理论""基于成效的教育理论""成效为本评价理论",最早是由美国学者斯拜迪(Spady,1991)提出的。他认为教育系统或教育组织机构的一切活动应该围绕学习者在学习经历结束后能取得的成效展开,这种方法要求教学人员需要确定当前专业领域学生必不可少的技能,学生毕业后所必要的技能,据此设计教学目标和任务,通过组织和操作,使得每个学生能成功地展示学习经验,在学习开始就能够清晰知道做什么,最后评估是否达到预期的学习目标(章玳,2014)。

20世纪90年代以后,成效为本教育理论被引入高等教育领域,在工程教育或医学类人才培养中运用。比格斯(Biggs,2003)出版的《在大学中进行质量学习的教学》(Teaching for Quality Learning at University)一书,提出基于成效的教学包括四个步骤,分别是:(1)应用适当的学习动词描述学习者应该达到的标准,来描述预期的学习成效;(2)创造易于达到预期学习成效的学习环境;(3)应用评价任务,帮助教师判断学习者绩效是否达到了标准,以及符合标准的程度;(4)将这些判断转化为标准的等级(乔爱玲,2009),如图5-3所示。

为了清楚地说明成效为本教育与传统教育的根本区别,比格斯(Biggs,2003)从内容、方法和评价方法三个方面进行了两者的比较,如表5-3所示。

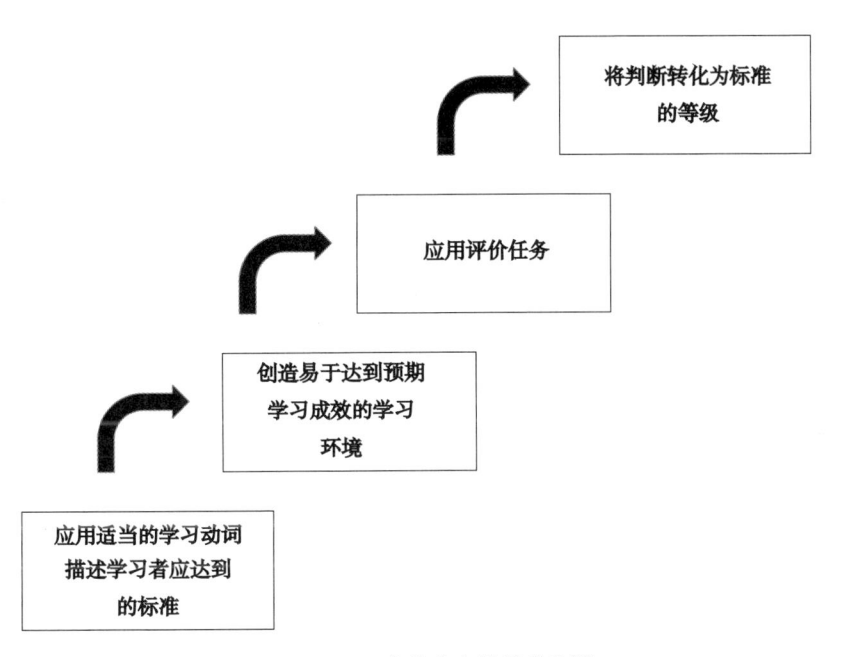

图 5-3 Biggs 成效为本的教学步骤

表 5-3 传统教学与成效为本的教学比较

比较点	传统教学	成效为本
内容	我要教的内容是什么	我期望学生达到的学习成效是什么
方法	我采用怎样的教学方法	我组织怎样的学习活动帮助学生达到学习成效
评价方法	我如何评价学生是否掌握了我教的内容	我如何评价学生达到学习成效的程度

"成效"理念逐渐被纳入了课程建设,通过设计和组织课程,在完成课程、专业等学习取得相应学位之后,以学习成果为证据确定知道什么、理解什么以及运用所学知识,其实质是认知变化、技能变化、情感变化和个体行为变化,关键在于"产出"(吴南中等,2020),也突出强调学习内容、学习评价制定需要与学习目标具有一致性。李志义等(2014)进一步归纳成效为本教育的特征,具

体为一个目标、两个条件、三个前提、四个原则和五个要点,形成金字塔形状(见图5-4)。

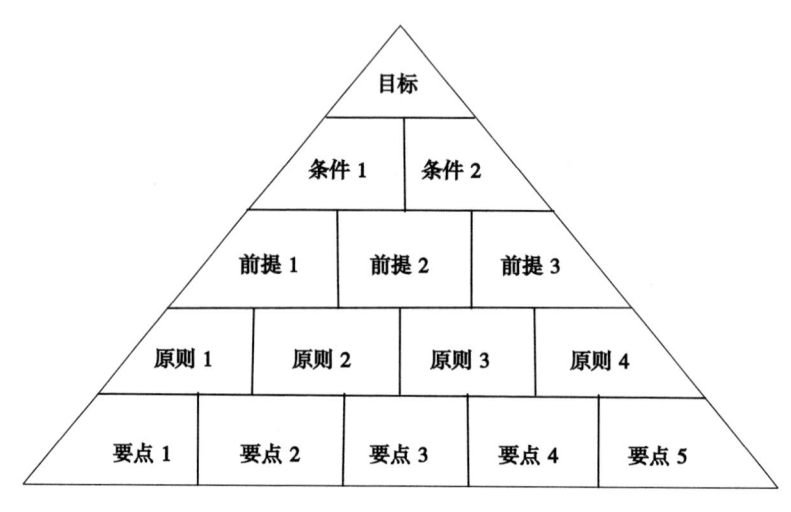

图5-4 成效为本"金字塔"

对成效为本"金字塔"的描述见表5-4。

表5-4 成效为本教育的"金字塔"内容描述

一个目标	所有的课程设计、教学活动和课程评价都要以实现最初设定的学生在完成学习后能达到的成效为目标
两个条件	① 制定清晰的蓝图:确定学生在完成学习后应该达到的成效
	② 创造适宜环境:为学生达到预期成效提供良好的条件和机会
三个前提	① 所有学生都能通过学习达到预期成效,只是进度和方式不同
	② 成功的学习能促进更成功的学习
	③ 学校和教师可以控制学生学习成功的条件
四个原则	① 清楚聚焦:教师的课程设计和教学活动要聚焦在最终学习成效的基础上开展;学生的学习目标也是如此
	② 扩展学习机会:教师应以弹性的方式配合学生个体差异,保障学习机会,以达到学习目标
	③ 提高期待:教师应制定挑战性的标准以期待学生达到更高的水平
	④ 反向设计:课程和教学设计应回归到学生最后掌握的能力

续表

五个要点	① 确定学习成效:最终学习成效既是成效为本教和学的终点,又是新的教学活动的起点 ② 构建课程体系:学习成效的实现主要通过合理的课程教学来实现 ③ 确定教学策略:成效为本学习关注的是学生最终掌握了什么,而不是教师教了什么,教师需要弹性地制定教学策略,发展学生熟练运用所学知识的能力 ④ 自我参照评价:区别于传统教学对学习时间、内容和方式的评价,成效为本以学习成效为最终参照,对学生个人的能力进行评价,而非学生之间的比较 ⑤ 逐级达到顶峰:根据学生的个人情况将学习进程分为不同阶段,从初级到高级的学习成效目标,最终达到顶峰成就

随着社会的发展,成效为本教育理论的关注点逐渐从高等教育领域转向到终身教育领域,张伟远(2019)指出,成效为本的教育旨在建立基于证据的评价和质量保证,采用基于成效为本的方法,学习者可以选择在线学习、课堂面授学习、线上线下相结合的混合式学习,无论采用哪种学习模式,学习者达到预定的学习成效目标,通过认证后都可以获得相应的资历学分。

二、成效为本教育理论下老年大学学习环境

成效为本教育理论下老年大学学习环境具有以下特点:

(一)互联网时代老年大学需确立不同层次成效目标

老年教育面向的群体主要是老年人,早期的老年学习活动被视为退休后的消遣时光,是一种非正式的学习,忽视学习成效,因而难以保证教学质量。为了更好地回应贯彻国家"十四五"规划"建设高质量教育体系",促进老年大学高质量发展,互联网时代老年大学需要以成效为本教育理论指导老年大学的具体教学实践活动。成效为本教育理论强调成效目标十分重要,成效目标既是教学活动的起点,也是成效为本的评价参考点。老年大学的成效目标不是分数或者排名,而是包含了老年学习者在知识、技能、态度、情感等方面的学

习成果,是基于对老年学习者学习特点判断而形成的一个集合体。

老年大学的学习成效目标包含三个层面,首先是宏观层面的办学机构目标,机构的成效目标与老年大学的办学理念贯穿,体现出学校的办学特点和办学任务,渗透到老年大学的整个教学与管理活动中。其次是中观层面专业或课程班的目标,目前一些老年大学尝试与开放大学合作,开展老年学历教育。老年学历教育是专科或本科层次的,以具体的某个专业为载体,需要尊重高等教育内在要求和老年学习者的特征,而更多的老年大学以短期课程班为主要办学形式,在既定的一段时间内开展相应课程,无论是专业还是课程班的形式都需要有确定的、可测量的成效目标。最后是微观层面单一课程,老年大学每门课程的教学都需要有明确的成效目标。

(二)互联网时代老年大学学习评价关注个体成效达成情况

谈及学习评价,人们常常陷入老年大学学习是否需要学习评价的疑问中,老年大学需要学习评价,但学习评价标准是关注个体的学习成效达成情况,老年大学学习评价不再是排名和分数,也不是老年学习者之间的比较,学习过程情况更能体现老年学习者发生的变化,体现老年学习者自身在知识、技能等方面的增值,在态度、情感方面发生的转变。参考在高等教育领域的成效导向评价工具的选择,可以考虑学习档案、学习者自我陈述评价等形式。

(三)老年大学学习环境为学习成效的达成提供支撑条件

互联网时代老年大学需要为老年学习者的成效目标实现提供必要的支撑条件。首先是学习活动的设计,教师要将学习成效目标融入到学习活动的设计中,帮助老年学习者通过参与学习活动以达成学习成效。其次是提供不同的学习形式,无论老年学习者采用何种学习形式,课堂学习、在线学习或其他形式,老年学习者可以根据自己的喜好,选择合适的学习方式,只要老年学习者能够达到既定的学习目标,那么就可以理解为学习成效达成。鼓励老年学习者积极参与基于信息技术的线上和线下学习,扩大老年教育的受众面,最终构建形成一个以老年学习者为中心,关注老年学习者的学习需求和学习目标,学习形式多样,充分考虑互联网应用特点的老年大学学习环境。

小　结

以上理论基础为认识老年大学学习环境提供了多样化的视角,加深了对老年大学学习环境的认识,研究通过总结不同理论之间的关系,形成了理论分析的框架,见图 5-5。

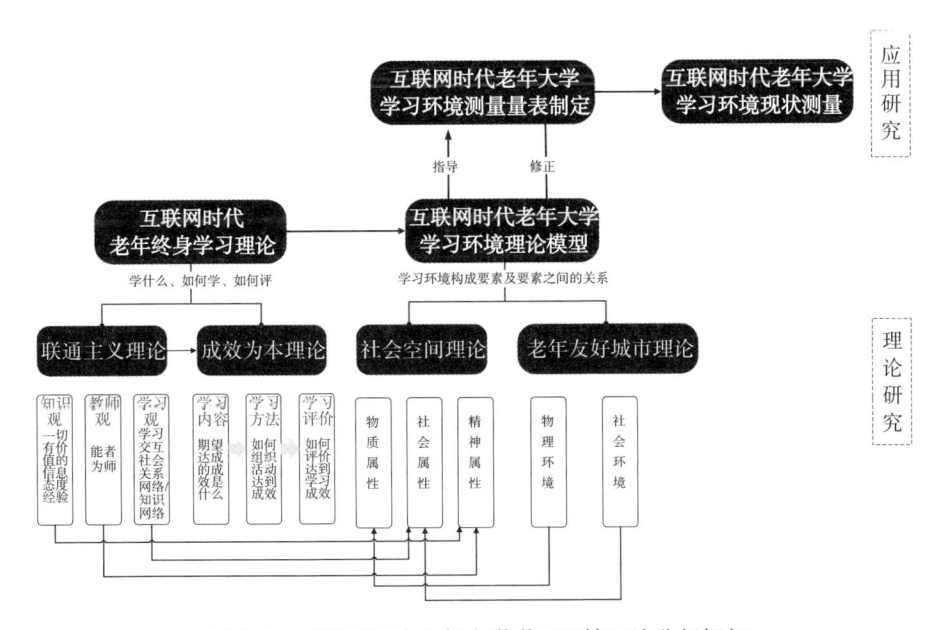

图 5-5　互联网时代老年大学学习环境理论分析框架

基于联通主义理论,互联网时代一切有价值的信息、态度、经验等都可以称为知识,教师的角色不再局限于具有教师资格的人,也不再是特定的职业,每个人都可以成为教师。老年人具有丰富的工作经验、社会阅历等,是知识的贡献者,老年大学可以授权任何一位有知识或能力的老年人讲授知识。学习交互是联通主义理论倡导的核心,老年学习者在学习实践中,与学习同伴、教师、社区同龄人等之间产生交互,这种交互不仅能促进人与人之间的联系,满足老年学习者情感慰藉的需求,而且能够加深对不同知识的理解,不同思想的碰撞能够产出新知识,老年学习者的行为活动不仅参与了老年大学的社会空间和精神空间的建设,也实现了老年大学整个学习环境的再生产。

成效为本教育理论是老年大学教学管理及评价的基础,互联网时代评价老年学员的唯一标准是学习成效,鼓励老年人积极参与基于信息技术的线上和线下学习,扩大老年教育的受众面,最终构建形成一个以老年学习者为中心,关注老年学习者的学习需求和学习目标,学习形式多样,充分考虑互联网应用特点的老年大学学习环境。

社会空间理论启示互联网时代老年大学学习环境也具有物质性、社会性及精神性三方面特征,老年大学学习环境物质性包含实体空间和虚拟空间,老年大学学习环境社会性和精神性与积极老龄化理念一致,老年大学学习环境支撑学习活动,学习活动塑造老年大学学习环境。

老年友好城市理论指导在老年大学的学习环境建设中要考虑物质环境和社会空间环境,不仅考虑物质环境的无障碍性,扩大老年人接受在线教育的机会,确保参与学习途径多样化,也考虑促进老年人个人和职业的发展,支持希望从事第二职业的老年人,鼓励老年人参与社区、老年大学的核心活动,重构新的社会关系,既提高老年人自身的生活质量,也增强社区活力。

第六章　互联网时代老年大学学习环境内涵与基本特征

　　老年大学学习环境是以老年大学实体机构为载体,在积极老龄化价值观引领下,为老年学习者构建自身社会关系网络和知识网络以达成学习目标的支撑条件统合。互联网时代老年大学学习环境具有融合信息化、人本化和社区化为一体,体现友好性、开放性和参与性,满足老年学习者知识获取、技能提升和价值实现需求的基本特征,以物质空间建设为基础,以社会空间建设为纽带,进而推动实现精神空间发展。

第一节　互联网时代老年大学学习环境基本内涵

一、学习环境的内涵

　　根据《中国汉语大辞典》解释,环境是"周围的地方""周围的情况和条件",泛指存在主体之外,并且对主体产生影响的所有要素。20世纪30年代,德国心理学家勒温(Lewin)提出了场理论,他认为"为了理解或预测行为,就必须把人及其环境看作是一种相互依存因素的集合",这些依存因素的整体被称为"场","场"不仅包括物理空间的场域,也包括个体的心理场域,并提出了 B=(P,E)公式,这里 B 是指行为,P 是指人,E 是指环境(Lewin,1951)。布朗芬布伦纳(Bronfenbrenner,1979)基于生态学的角度将环境想象成一个嵌套的同心结构,每一个都嵌套在下一个中,并将环境逐级划分为微观系统(microsystem)、中观系统(mesosystem)、外部系统(exosystem)和宏观系统(macrosystem)。

随着社会的发展,人们逐渐意识到人类是环境的主体,人类的行为对环境产生重要的作用,环境也会对个人认知、心理等产生影响,穆斯(Moos,1987)从社会学角度提出,人类环境主要有三个维度:个人发展、人际关系以及系统维持与变化。在教育领域,克拉克(Clark,1998)提出认知是一个嵌入在环境中、身心合一的有机体具有的适应性活动,环境是认知过程中一个不可或缺的要素,并与大脑、身体处于平行且相互耦合的地位,它所具有的"给养性"(affordance)能够为认知主体提供脚手架服务、减轻认知主体认知负荷等。一个特定的学习环境能够为塑造教育实践提供巨大的潜力。

在 20 世纪末至 21 世纪初期对学习环境概念的界定,主要有以下三种观点。

第一,空间观。美国著名的教育技术专家乔纳森(Jonassen,2003)基于建构主义学习理论,将学习环境定义为"个人或群组开展学习活动的空间,这种空间具有帮助学习者们进行相互学习支持的功能,学习者可调节其学习活动,并且运用信息资源和使用知识建构工具来解决学习过程中面临的各种问题"。

第二,系统观。杨开城(2000)认为学习环境可以概括为"一种支持学习者进行建构性学习的各种学习资源(不仅仅是信息资源)的组合,其中学习资源不仅包括信息资源、认知工具、人类教师等物理资源,还包括任务情境等软资源"。这种观点也得到了大多数学者的认同。钟志贤(2004)认为学习环境是促进学习者发展的各种支持性条件的统合。项国雄等(2005)也认为学习环境是指学习者在学习过程中进行学习活动的情况和条件,其中,"情况"是指学习活

第六章 互联网时代老年大学学习环境内涵与基本特征

动的起点和某一时刻的状态,而"条件"则包括物质条件(学习资源)和非物质条件(学习氛围、学习者的动机、人—人关系、人—机关系、教学策略等)。

第三,生态观。郑葳(2003)提出了"生态学习论",将学习环境视为一个集成了影响个体学习和同一性发展的各种角色、活动、目标、关系、交往、条件、情境等因素熔合而成的合金,以蕴含学习文化为目的的生态系统。① 李彤彤(2014)将生态观引入网络学习环境中,将网络学习环境生态划分为教育给养、物理给养、社会给养和情感给养四个功能,各个功能之中包含了要素之间的复杂关系。

互联网技术的发展创造了协作式、交互式及探究式的学习环境,也形成增强现实和虚拟现实的学习环境,技术支持的学习环境能够以一种有效的方式帮助学习者发展知识和技能(Mayer,2005)。此外,将技术融入到学习环境中可能会促进新知识、技能甚至态度的阐释。王和汉纳芬(Wang 和 Hannafin,2005)认为技术支持的学习环境是一个教学系统,学习者在老师、同伴、支持供给和技术性资源的帮助下管理学习活动。西蒙斯提出联通主义学习理论,他认为在互联网时代,每个人都是社会关系网络和知识网络中的重要节点,人类可以利用现有的社会网络交互工具建立个人的学习环境,并基于此建立个人的学习网络。与技术和物理环境不同,个人学习网络更强调为了丰富学习联结的建立,为了保持网络的生态性特点——动态、进化且能适应并回应外部变化,个人的学习网络应具有时代性和关联性(Siemens,2006)。不同理论下的学习环境内涵见表6-1。

表6-1 不同理论下的学习环境内涵

理论	视角	内涵
行为主义学习理论	以教为中心	学习空间

---

① 郑葳:《学习共同体:一种文化生态型学习环境的理想架构》,北京师范大学博士学位论文,2003年。

续表

理论	视角	内涵
认知主义学习理论	以学为中心	学习空间 学习资源的组合
建构主义学习理论	以学习活动、共同体为中心	学习空间 学习文化 学习条件(物质条件和非物质条件)
联通主义学习理论	以知识网络、社会网络联结为中心	丰富的联结

随着信息技术的发展,增加了传统教学中交互的元素,钟启泉(2015)认为学习环境是基于多种多样的物的要素、人的要素而形成的动态构成的"信息环境",以及借助所有感官如学习者的听觉、视觉、触觉等体验到的"信息总体"。学习环境已经从传统的物态空间拓展到依托数字技术和网络技术的具有信息交流功能的空间,个体能够在技术支撑下真实的或者虚拟的学习环境中开展深层次的学习活动。赵炬明(2019)认为学习环境不再是简单的物理环境,还包括所有能影响学生学习行为的外部环境因素,如物理的、社会的、心理的、技术的、信息的。当代学习环境正在发生一系列新变化,整体上表现出五种转向,即转向智慧学习环境、非正式学习环境、整合学习环境、互动学习环境和创新学习环境(王牧华等,2018)。

综上所述,可以看到对学习环境的概念大致有三种观点,分别是空间观、系统观和生态观,已有的研究中最主要是持学习环境的系统观。伴随着互联网技术和移动通信技术的发展,涌现出许多数字化学习环境,一方面体现学习环境的场景性,如在线学习环境、网络学习环境、虚拟学习环境等,另一方面体现不同学习范式,如协作学习环境、自主学习环境。学习环境是教与学的行为必须依赖的时空条件,根本作用是促进教的行为与学的行为发生并实现整合,使得有效学习真正发生,因此理解学习环境的概念回到原点必须基于具体的学习理论。基于不同的学习理论,对学习环境有不同的理解,基于联通主义的学习环境观认为学习环境是促进学习者形成个人社会网络关系及知识网络关系的支撑。

二、老年大学学习环境基本内涵

本书持学习环境的系统观,立足联通主义理论,老年大学学习环境是以老年大学实体机构为载体,在积极老龄化价值观引领下,为老年学习者构建自身社会关系网络和知识网络以达成学习目标的支撑条件统合。

立足老年大学学习环境的物质性、社会性和精神性三方面属性,以老年学习者为主体,从个人与环境匹配、技术与教育融合、教育成效为本三个角度审视老年大学学习环境,明晰互联网时代老年大学学习环境的基本内涵。

(一)个人与环境匹配视角:老年大学学习环境是老年友好的学习环境

研究通过对基于社区的老年学习研究进行分析,立足学习环境的系统观,将老年群体的终身学习视为一个大的环境系统,明晰老年群体终身学习的物理场域,见图6-1。

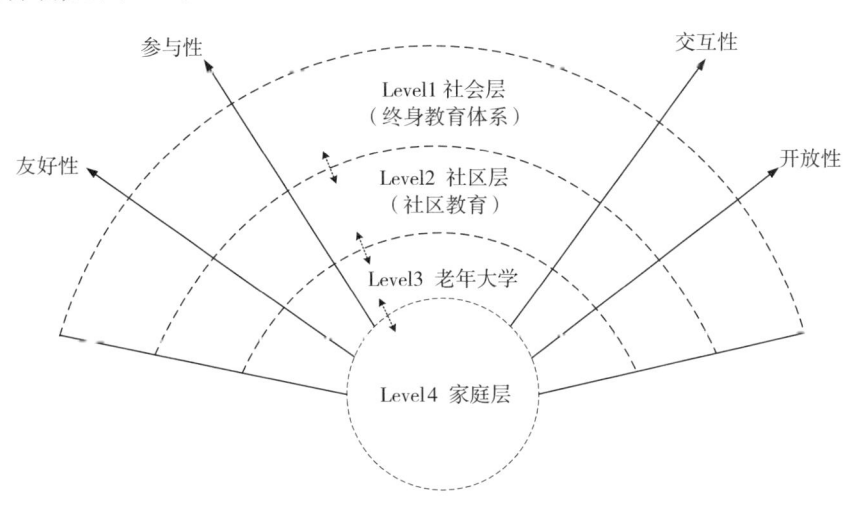

图 6-1 老年群体终身学习物理场域

老年群体终身学习物理场域分为四层,第一层是社会层,即整个社会的终身教育体系的架构;第二层是社区层,以社区为区域范围的社区教育;第三层是老年大学;第四层是家庭层,即老年人个体居家学习环境。

老年大学的发展首先离不开国家层面对构建服务全民终身学习体系的高度重视,整个社会的终身教育体系的建设为老年大学的发展提供了制度保障和物质基础。老年大学嵌套在社区环境中,与社区密切联系。政府通过老年教育要服务的老年群体绝大部分都在社区,社区是老年大学的空间载体与重心。2016年,全国老龄办等部委下发《关于推进老年宜居环境建设的指导意见》,提出"大力发展老年教育。结合多层次养老服务体系建设,改善基层社区老年人的学习环境,完善老年人社区学习网络。建设一批在本区域发挥示范作用的乡镇(街道)老年人学习场所和老年大学,努力提高老年教育的参与率和满意度"(中国政府网,2016)。老年大学是老年友好社区的组成部分,内在要求老年大学学习环境突出对老年人的友好性。世界卫生组织将老年友好内容分为8个方面:交通、住所、户外空间和建筑、社区支持和卫生健康服务、交流和信息、社会参与、尊重和社会包容、市民参与和就业。其中交通、住所和户外空间和建筑物质空间环境,体现出对老年大学学习环境物理性的要求,尊重和社会包容、社会参与、市民参与和就业属于社会环境的不同方面,体现出对老年大学学习环境社会性的要求,老年人与社区其他成员的关系,老年大学要充分考虑对老年群体的包容性,鼓励老年群体社会参与,为老年群体提供所需的就业支持。

(二)技术与教育融合视角:老年大学学习环境是开放联通的学习环境

互联网时代老年大学学习环境是开放联通的,主要体现在以下两方面:第一,在空间位置上,老年大学与社会、社区联通。老年大学嵌套在社区环境中,不仅在空间地域上灵活方便,降低了交通成本,回避了老年群体出行困难和安全隐患,更重要的是,老年群体与居住在共同地域的老年人已经形成了相对稳定的人际关系,有利于沟通与交流,促进社会关系联结。互联网时代老年大学学习空间不再局限于学校内部,可以拓展到社区,公园、超市、图书馆等都可以成为老年大学的授课地点。第二,在学习方法上,老年学习者适合联通学习方法,建立社会关系网络和知识网络,老年人自身具有丰富的知识和经验,是知识网络中的重要节点,老年大学为老年学习者搭建社会关系网络,促进知识的分享与流通,开展线上的社群学习,与教师、学生及学习内容之间形成互动,实现情感慰藉,基于线下邻里学习互助,组建学习圈、学习小组,不仅能够调动老年学习者的学习热情和积极性,更有利于增进社区情感,激发社区活力。

(三)教育成效为本视角:老年大学学习环境是支撑达成学习目标的学习环境

老年大学作为一所有固定场所的教育机构,有明确的教育目标,有组织、有计划地开展教育活动。老年大学的学习区别于老年人居家自主学习,也区别于追求闲暇和娱乐的非正式学习,老年大学的学习目标除了愉悦身心,还应该有更高层次价值实现的目标。为了达成预期的教学目标,需要设计优化学习环境,为学习者提供良好的条件和机会。老年学习者可以选择线上或线下、实体或虚拟多样化的学习空间,不同的学习伙伴、学习形式及学习内容等,最终的评价是基于老年学习者自身的变化而开展的,虽然学习形式不同,但是具有成效为本的理念,最终取得的学习成效能够得到一致性认可。老年大学学习环境支撑老年学习者达成学习目标,帮助老年学习者树立积极的生命观和生活观,老年学习者自身是学习参照,而非学习者之间的比较,避免对老年学习者造成负面的心理压力。

第二节 互联网时代老年大学学习环境核心特征

老年大学学习环境是老年大学在积极老龄化价值观引领下,为老年学习者构建自身社会网络和知识网络以达成学习目标的支撑性条件统合。研究构建了老年大学学习环境概念框架,帮助更好地理解互联网时代老年大学学习环境的基本特征,见图6-2。

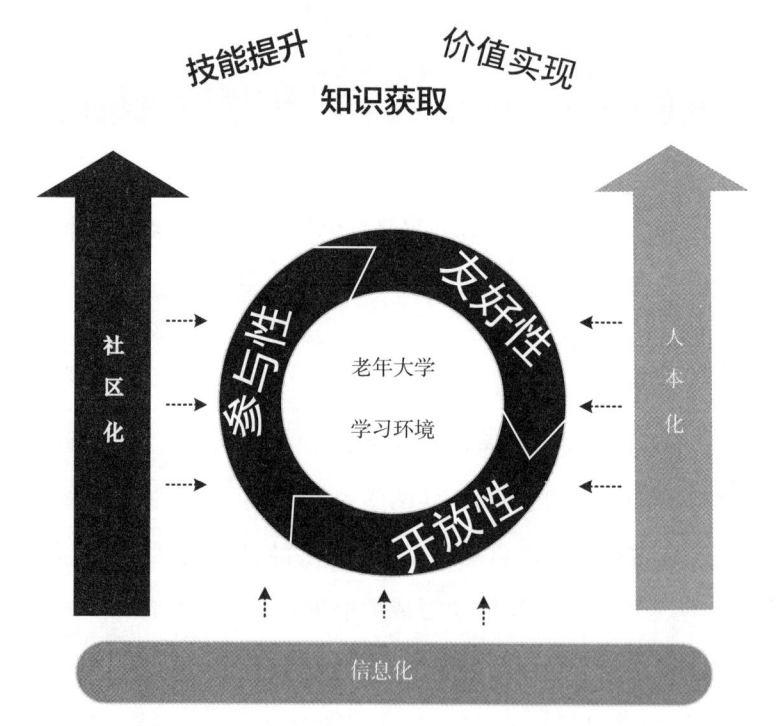

图6-2 互联网时代老年大学学习环境概念框架

老年大学学习环境包含基础层、核心层和目标层,基础层是老年大学学习环境的基础,体现学习环境物质属性和社会属性的特点;核心层突出老年大学与老年群体其他的学习场域环境的不同之处,体现学习环境精神属性特点;目标层是老年大学学习环境的价值引领。

一、基础层:信息化、社区化和人本化为一体

信息化是指以信息技术为支撑,推进技术与教育的深度融合。为老年学习者搭建适用于电脑和移动终端的在线教学平台,开发符合老年人学习特点的多媒体数字化学习资源,为老年人提供"时时可学、处处能学"的便捷途径。

社区化是指虚拟社区与实体社区互为补充,构建虚实结合的新型学习共同体。一方面为老年学习者创设网络虚拟社区,开展形式多样的线上教与学的活动;另一方面建立了线下实体学习社区,集中开展面授辅导和实践教学,支撑自主学习,助力合作学习和联通学习。

人本化是指兼顾高等教育规律和老年人学习及身心特点,充分彰显教育的人文关怀。为老年学习者制定能通过努力达成的学习目标,教师以弹性的方式配合老年学习者的个体差异,帮助老年学习者构建社会关系网络和知识网络,满足老年学习者灵活个性化的学习需求。

二、核心层:友好性、开放性和参与性

由于老年学习者生理和心理具有特殊性,导致老年大学的学习环境具有一些独特的特征,互联网时代的老年大学学习环境既要区别于非正式学习环境,也要体现互联网时代特点,主要表现为友好性、开放性、参与性3个方面的特征。

老年大学学习环境的友好性强调物理空间和社会关系两方面对年龄具有包容性。在物理层面,老年大学设施、服务的无障碍性,能为老年学习者营造温馨和友好的学习氛围;在社会关系层面,老年大学以老年学习者为中心,给予老年学习者以尊重和关心,同时具有明确办学目标,为老年学习者提供交流和互助的机会。

老年大学学习环境的开放性体现在三个方面：一是学习资源的建设，全社会共同参与，一切有知识、技能的人都可以参与老年大学的资源建设，老年学习者自身也是学习资源的重要建设者；二是学习方式灵活自主，老年大学充分发挥信息技术手段，满足老年学习者学习时间、学习地点、学习方式以及学伴的灵活，学习者可以选择与同学、社区人员、家人等一起学习；三是学习评价以学习目标为导向，与课程活动具有一致性，符合老年学习者的特点，不追求排名与分数，而是为老年学习者提供开放式、多元化的评价方式，激发老年学习者的学习热情。

老年大学学习环境的参与性强调尊重老年学习者的主体身份，重视每个个体的生活经验和阅历，鼓励他们成为知识网络中的重要节点，老年大学将分散在不同私人空间的老年人吸纳在一起，形成不同形式的交往圈子，鼓励老年人以主体的身份参与，将自主学习、合作学习和联通学习结合起来，可以根据自己的专长为其他同学提供学习资源、学习服务或其他帮助。

三、目标层：知识获取、技能提升和价值实现

随着社会的不断发展，无论是老年人自身还是社会，都赋予了老年终身学习不同的价值与意义。从社会意义来说，老年终身学习是实现积极老龄化的重要途径之一；从老年学习者个人来说，互联网时代老年终身学习不仅仅是打发闲暇时间，圆年轻时未完成的梦想，缓解退休后的孤独感和失落感，更重要的目标是知识获取、技能提升和价值实现。老年大学要激发老年人的潜力，鼓励老年人主动参与社区志愿活动，授权老年人讲解知识，为老年人开办工作室等，使得老年人能够升华生命质量。

第三节 互联网时代老年大学学习环境建设逻辑

基于社会空间理论分析，研究认为互联网时代老年大学学习环境支撑学

习活动,学习活动塑造老年大学学习环境,不同主体在老年大学学习环境建设过程中发挥不同作用,见图6-3。

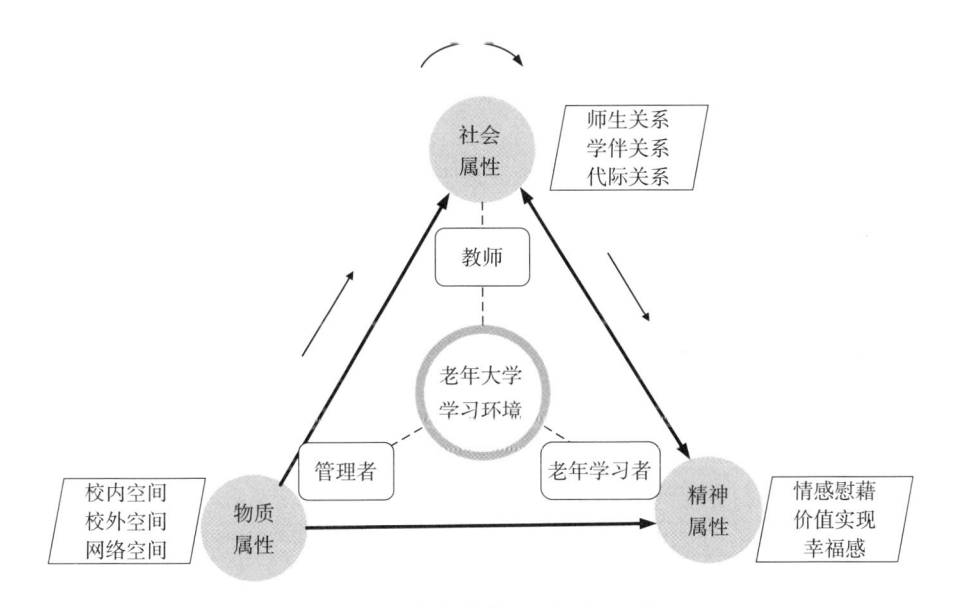

图6-3 老年大学学习环境建设过程

从老年大学学习环境建设方向来看,老年大学学习环境建设呈现"轮滑型",以物质空间建设为基础,以社会空间建设为纽带,进而推动实现精神空间建设。

从老年大学学习环境三重属性之间的关系来看,老年大学学习环境的建设以物质空间建设为基础,指引社会空间和精神空间的建设。社会空间与精神空间在学习实践活动中相互影响。

从老年大学学习环境建设主体来看,管理者、教师和老年学习者都是老年大学学习环境的建设主体,老年大学学习环境是开放联通的环境,老年学习者也是知识的生产者和贡献者,而不仅仅是老年教育的服务对象。老年大学的管理者是物质空间建设的主体,包括校内空间、校外空间及网络空间,为老年终身学习的实践活动提供不同的场景。老年大学的社会空间和精神空间由教师与老年学习者共同建设,教师通过选择学习内容、设计学习活动、运用不同教学策略等,促进空间再生产,形成新型师生关系、学伴关系及代际关系。老年学习者是精神空间的主要建设者,老年人自身获得情感慰藉、价值实现和幸福感,体现了老年大学学习环境的精神性。

第七章　互联网时代老年大学学习环境评估理论模型

通过对学习环境基本要素及学习环境测量的工具的文献研究，初步形成互联网时代老年大学学习环境评估的维度和指标，通过访谈法，对老年大学学习环境实践要素进行探究，理论与实践并置，修订和完善互联网时代老年大学学习环境评估的维度和指标，形成互联网时代老年大学学习环境评估理论模型。

第一节　学习环境的基本要素与评估工具

一、学习环境基本要素

要素是指构成一个客观事物的存在并维持其运行的必不可少的基本单元。学习环境最初的研究只涉及学校教学的物质层面，主要是指由学校的各种物质要素构成的学习场所，其中包括教室、设备、光照、声音等。随后人们开始关注学校或班级的氛围，开始考虑社会、文化等环境因素对学生学习的影响。对于不同层面的学习环境，包含的要素差别较大。已有的对学习环境包含的要素主要有以下几种观点。

帕金斯(Perkins,1991)认为学习环境由五要素组成,分别是信息库、符号簿、建构工具箱、任务情境和任务管理者。信息库是最主要的信息资源,它负责向学生提供要学习的领域知识和教学材料,在传统课堂中,信息库就是课本、教师讲授的内容以及词典等。符号簿是用作支持学习者的短时记忆,如写下思路等。建构工具箱用于帮助学生寻找特定信息、完成认知操作、实现某种设想等。任务情境是学习任务呈现给学生的问题解决情境。任务管理者是学习活动的管理者,教师、学生都可以充当任务管理者。

乔纳森(Jonassen,2003)在提出建构主义学习环境的概念后,给出了学习环境设计模型,他认为学习环境包括问题或项目空间、相关案例、信息资源、认知工具、会话或协作工具和社会的境脉支持。其中问题或项目空间是核心的要素,对其他要素起到聚合作用,建模、教练和脚手架则作为支撑建构主义学习的教学策略支持性因素(见图7-1)。

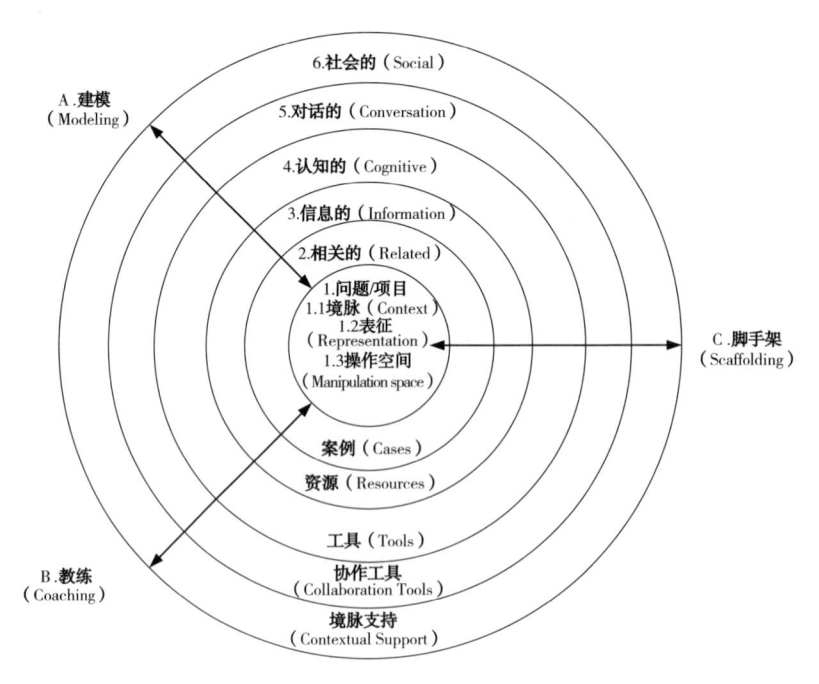

图7-1 乔纳森建构主义学习环境设计模型

奥利弗和汉纳芬(Oliver 和 Hannafin,2001)提出四要素观,包括情境、资源、工具和支架。

陈琦等(2003)从生态学角度分析,学习生态系统由外部社会文化环境、学习社群、信息资源、技术、学习活动等基本要素构成。

德科克等(De Kock 等,2004)提出学习环境包括物理环境、教师和学习者的角色、学习目标、教学方法、教学材料以及学习者的任务。

钟志贤(2005)提出了"7+2"要素观,学习环境要素由活动、资源、情境、学习共同体、工具、支架及评价组成,各要素之间及教师和学习者两个要素之间都存在着紧密的关系(见图7-2)。

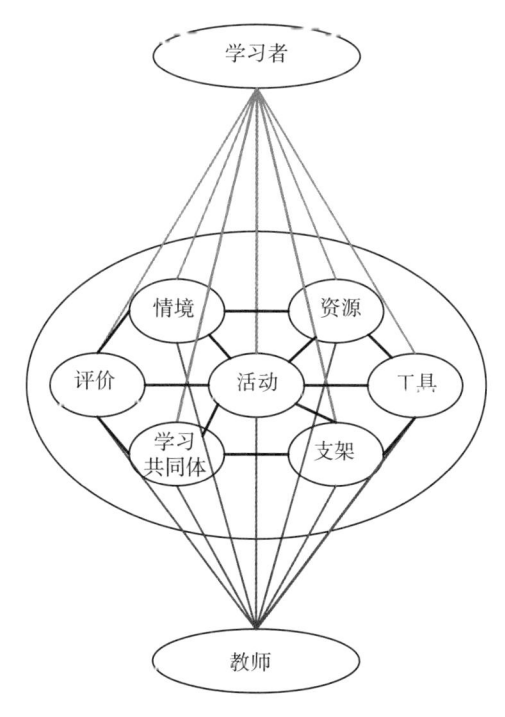

图7-2 "7+2"要素观

黄荣怀等(2012)提出智慧学习环境的构成要素包括学习资源、学习工具、学习社群、教学社群、学习方式及教学方式六个组成部分。

杨现民等(2013)从生态学视角出发,认为泛在的学习环境设计要关注外在系统、保障系统和内在系统,主要包括学习者、学习资源、学习终端、学习服务、学习理论保障、资源建设规范、技术标准支持及运行机制规范。

2013年经济合作与发展组织(OECD)发布了"创新学习环境"报告,收集了125个案例,将其中40个案例作为创新性学习环境的核心要素进行分析,总结出四个核心要素,分别是学习者、教育者、内容和资源,这四个元素彼此关联,相互作用,强调创新学习环境的重心应重视元素之间的动态关系和有序协调(陈伦菊等,2018)。

台湾学者黄国祯(Hwang,2014)提出了智慧学习环境的基本框架,包括6个模块,分别是:(1)学习状态检测模块;(2)学习绩效评估模块;(3)适应性任务模块;(4)适应性学习内容模块;(5)个人学习支持模块;(6)推理引擎。

卢方等(2016)认为无缝学习环境要素主要由学习社群、教学社群、学习活动、学习资源、学习工具、学习情境及学习评价七个要素组成。

综合上述学习环境要素及其特点见表7-1。

表7-1 学习环境要素分类

研究者	要素	特点
钟志贤(2005)	活动、资源、情境、学习共同体、工具、支架、评价	建构主义视角
黄荣怀等(2012)	学习资源、学习工具、学习社群、教学社群、学习方式、教学方式	智慧学习环境
经济合作与发展组织(OECD,2013)	学习者、教育者、内容、资源	创新学习环境
杨现民等(2013)	学习者、学习资源、学习终端、学习服务、学习理论保障、资源建设规范、技术标准支持及运行机制规范	生态学视角
黄国祯(2014)	学习状态检测模块;学习绩效评估模块;适应性任务模块;适应性学习内容模块;个人学习支持模块;推理引擎	智慧学习环境
卢方等(2016)	学习社群、教学社群、学习活动、学习资源、学习工具、学习情境、学习评价	无缝学习环境

二、学习环境评估工具

澳大利亚学者弗雷泽(Fraser)提出我们需要用一种新的测量来分析影响和导致有意义学习的多种因素,这就需要设计出一种学习环境的工具,由此一系列学习环境测评量表开始出现。目前使用较多的学习环境量表主要有三大类,分别是课堂学习环境、远程开放学习环境和技术支持下的学习环境量表,也出现了一些技术支持下学习环境的测量问卷。对这些学习环境的测评工具及影响因素进行综合性的分析,能够帮助鉴别学习环境的关键要素,也能帮助研究者通过学习者的感知去评估学习环境,去设计理论与实践都关注的技术支持的学习环境。

(一)课堂学习环境测量量表

1. 学习环境量表(Learning Environment Inventory)

学习环境量表(Learning Environment Inventory)可以追溯到20世纪60年代,源于安德森和沃尔伯格(Anderson和Walberg)从事的"哈佛物理学项目"的评估工作,沃尔伯格根据"课堂是社会体系"的理论模式开发了课堂气氛问卷,他的学生安德森将其改编,又经弗雷泽修订而成(刘丽艳等,2009)。该量表共分为15个维度,分别是凝聚力、冲突、偏爱、小团体、满意、冷漠、进度、困难、竞争、多样性、班规(Formality)、物质环境、目标取向、组织散漫和民主。每个维度7个指标,共105个指标,采用李克特的四点等级法,包含非常同意、同意、不同意、非常不同意四个等级,量表适用于中学教育。

2. 课堂环境量表(Classroom Environment Scale)

课堂环境量表(Classroom Environment Scale)分为三种形式,学生和教师真实的课堂学习环境的感知(The Real-Form)、学生和教师理想的课堂学习环境感知(The Ideal-Form)、学生和教师期待的课堂学习环境感知(The Expectation Form)。量表包括9个维度,分别是参与亲和力、教师支持、任务、取向、竞争、秩序与组织、规则明晰度、教师控制及创新,量表最初包含242道判断"是"或"否"的题目,面向26所中学课堂环境进行测量(Trickett & Moos,1995)。量表经过修改后包含9个维度,每个维度10道题目,共90道题目(Trickett 和 Moos,2002)。

3. **这个教室发生了什么**(What Is Happening In This Classroom)

该量表是由弗雷泽(Fraser,1998)将以往调查问卷中最显著相关的一些维度组合在一起修订而成,量表涉及现代教育理念的内容,如教育公平和建构主义学习,最终的问卷包括7个维度,分别为学生凝聚力、教师支持、参与、探究、任务取向、合作、平等,共36个指标,采用李克特的五点等级,分别是"从不""很少""有时""经常""频繁"。量表先后在加拿大、澳大利亚、新加坡等国家的中学课堂中应用(Fraser 和 Chionh,2000)。多尔曼(Dorman,2003)以3980名澳大利亚和加拿大的高中生为样本,采用验证性因素分析,验证7个因素之间的关系,模型拟合指数良好,研究证明了该量表作为课堂心理环境的有效量表具有国际适用性。

4. **建构主义学习环境调查量表**(Constructivist Learning Environment Survey)

根据建构主义的观点,有意义的学习是一个认知过程,在此过程中,个人会根据自己已经建立的知识来了解世界,而这种理性的过程则涉及积极的协商和共识的建立。基于此,泰勒等(Taylor等,1997)构建了建构主义学习环境调查量表,该量表包含5个维度,分别是个人相关经验、不确定性、批评意见、分享控制、学生协商,共36道题目,采用李克特的五点量表,1代表"几乎不",5代表"几乎总是"。

5. **新课堂环境量表**(New Classroom Environment Instrument)

新课堂环境量表之所以强调"新",突出表现在课堂上计算机等电脑设备的使用。该量表包含8个维度,分别是参与、隶属关系、教师支持、团队合作、精准、秩序和组织、教师控制及创新,每个指标有7道题目,共56道题目,采用李克特的三点等级,从 1 到 3 分别代表"从不""有时""经常"(Newhouse, 2001),量表适用于测评课堂学习的 13 岁孩子。

以上课堂学习环境测评量表综合比较见表 7-2。

表 7-2 课堂学习环境测量量表

序号	开发者	名称	维度	指标数量	评价等级	调查对象	样本数量
1	安德森和沃尔伯格(1974) Fraser,安德森和沃尔伯格(1982)	学习环境量表 Learning Environment Inventory	15 个维度:凝聚力、冲突、偏爱、小团体、满意、冷漠、进度、困难、竞争、多样性、班规、物质环境、目标取向、组织散漫和民主	105	4 点(非常同意、同意、不同意、非常不同意)	初中生	Not Access
2	特里克特和穆斯(Trickett 和 Moos,1995)	课堂环境量表 Classroom Environment Scale	9 个维度:参与亲和力、教师支持、任务、取向、竞争、秩序与组织、规则明晰度、教师控制、创新	90	2 点(是或否)	初中和高中生	382 个班级,每个班级 20—30 名学生
3	弗雷泽(Fraser,1998)	这个教室发生了什么 What Is Happening In This Classroom	7 个维度:学生凝聚力、教师支持、参与、探究、任务取向、合作、平等	36	5 点(频繁、经常、有时、很少、从不)	高中生	2310 人
4	Taylor 等(1997)	建构主义学习环境调查量表 Constructivist Learning Environment Survey	5 个维度:个人相关经验、不确定性、批评意见、分享控制、学生协商	36	5 点	中学生	316 人
5	纽豪斯(2001)	新课堂环境量表 New Classroom Environment Instrument	8 个维度:参与、隶属关系、教师支持、团队合作、精准、秩序和组织、教师控制及创新	56	3 点(从不、有时、经常)	8 年级学生	102 人

97

对五个量表的维度进行进一步划分,见表 7-3。

表 7-3 课堂学习环境量表的维度分类

量表	根据穆斯(Moos,1979)分类		
	人际关系	个人发展	系统维持与变化
学习环境量表	凝聚力 冲突 偏爱 小团体 满意 冷漠	进度 困难 竞争	多样性 班规 物质环境 目标取向 组织散漫 民主
课堂环境量表	参与亲和力 教师支持	任务 取向 竞争	秩序与组织 规则明晰度 教师控制 创新
这个教室发生了什么	学生凝聚力 教师支持 参与	探究 任务 取向 合作	平等
建构主义学习环境调查量表	个人相关经验 不确定性	批评意见 分享控制	学生协商
新课堂环境量表	参与 隶属关系 教师支持 团队合作	精准 秩序和组织	教师控制 创新

表 7-3 显示,课堂学习环境调查量表在人际关系方面关注凝聚力、冲突、参与、小团体、团队合作;在个人发展方面关注进度、困难、精准、任务、合作、批评意见、分享控制;在系统维持与变化方面关注物质环境、秩序与组织、平等、创新等。

(二)远程开放学习环境测量量表

1.远程开放学习环境量表

杰格德(Jegede,1995)设计开发了远程开放学习环境量表(Distance and Open Learning Environment Scale,DOLES),该量表的开发依据了 5 个标准:

(1)与已有的学习环境文献保持一致;(2)与面对面学习环境的测量工具保持一致;(3)覆盖远程和开放学习特征;(4)节省答题和评分时间;(5)对学生和远程教育者的重视。量表面向以远程方式学习的大学生开展测量,量表包括8个维度,分别是交互性、机构支持、任务导向、教师支持、协商、灵活性、技术支持和人体工学(见表7-4)。

表7-4 远程开放学习环境量表

维度	描述
交互性	学生认为社交、技术和其他支持环境具有互动性的程度
机构支持	学生感知远程教育机构提供的支持相关、适当、及时的程度
任务导向	活动明确且组织良好的程度
教师支持	正在授课的教师与学生形成友谊、信任和兴趣的程度
协商	学生和讲师向他人解释和证明自己的想法,并对他人的想法进行批判的程度
灵活性	强调时间、地点、学习步调及评估方式的选择具有独立性
技术支持	在课程中使用技术以任务为中心,功能齐全、友好且有效的程度
人体工学	强调与任务、设备和物理环境相关的人类绩效和幸福感

量表共包括52道题目,采用李克特的四点等级法,即完全同意、同意、不同意、完全不同意四个等级。在形成初步的维度之后进行了三个阶段的验证,第一阶段论证是研究人员对彼此提交的回答进行交叉审阅,在各个维度上达成共识;第二阶段是邀请远程教育的专家进行评议;第三阶段是邀请2所远程教育机构的工作人员和学习者进行评议。正式形成的量表邀请南昆士兰大学和澳大利亚科廷科技大学的1500名远程教育大学生进行测量,并使用焦点小组访谈技术来收集测量过程的数据,对测量量表的使用进行评价。

2.网上学习环境测量量表

张伟远基于文献研究和对国内外流行的17种网上课程开发平台以及使用这些平台开发的上百门网上课程调查,开发了网上学习环境测评模型,该模型包括教学设计、内容设计、网站设计、灵活性、学生互动、教师支持、技术支持及学习评估8个维度(见表7-5)①。

表7-5 网上学习环境测评模型

维度	含义	基本项目
教学设计	课程教学设计的目的是采用不同的教、学及启发性的方法来改善学生的学习。学习的目标要明确,并通过适当和公平的评估来帮助学生达到目标,从而使新的学习得以进行	1. 清楚地写明学习要求 2. 清楚地写明课程目的 3. 清楚地写明课程内容概要 4. 要求学生进行高层次的思考(如分析、综合和评价) 5. 要求学生以问题解决法进行学习 6. 清楚地介绍运用网上的各种功能进行学习 7. 清楚地描述了各种测评(如作业、考试)所要求的标准 8. 清楚地解释交作业的方式 9. 清楚地解释交作业的时间限制和迟交作业的处理方式 10. 清楚地列出了所有的学习资料 11. 清楚地解释作业打分的标准
内容设计	课程内容设计应该适合课程的学习环境。例如:在网上学习环境中,内容安排要适合媒体特点,如提供信息链接或促进互动。课程内容还应该是逻辑性地循序渐进	1. 满足学生的学习需要 2. 适合网上教学 3. 课程材料适合自学 4. 以自我解释的方式编排以适合自学 5. 内容描述清楚 6. 能吸引学生专注学习 7. 课程活动设计得很详细 8. 课程提供充足的网络链接到内部资源(如往届试卷、教师讲义等) 9. 课程提供充足的网络链接到外部资源(如与课程有关的网站)
网站设计	课程网站设计要充分利用互联网的技术。设计大多基于导航器及美学的观点。此外,所有课程网站的功能必须有特定的目的,并且可以方便使用(如电子图书馆)	1. 简明的外观和良好的屏幕设计 2. 使用方便 3. 图片运用适当 4. 颜色搭配协调 5. 材料容易阅读 6. 课程材料在网上的呈现清晰而准确 7. 网络链接清楚 8. 网站上的链接与课程内容相关 9. 网络链接可靠 10. 课程材料的组织便于网上浏览

① 张伟远:《网上学习环境测评量表的论证与使用》,《2004亚洲开放大学协会第18届年会文选》2004年11月。

续表

维度	含义	基本项目
灵活性	学习的灵活性需要提供一个以学生为中心的学习环境。尤其是学生需要有足够的学习支持和学习材料来帮助他们有效地自学。灵活性也意味着选择性，如让学生可自行选择学习的地点及学习进度	1. 学生可以按自己的进度学习 2. 学生可以自行决定学习的时间 3. 学生可以自行决定学习的地点 4. 学生可以按自己喜欢的方式学习 5. 学生可以对感兴趣的内容多花一些时间学习 6. 学生可以自主分配学习时间 7. 学生能容易地上网阅读学习材料
学生互动	学生之间的互动可以使学生获得来自他人的不同观点，就像教师的作用一样，使学生学会以合作的态度采纳不同的观点，并从中学习。学生之间的互动将鼓励同学建立社交联系和提高互相合作的能力	1. 课程能让同学通过网络结交朋友 2. 鼓励学生合作学习 3. 学生在网上留言区提出的问题得到其他同学的回应 4. 学生与其他同学一起在网上讨论与课程有关的问题 5. 网上学习小组的参与让学生有一种集体归属感 6. 学生可以随时通过电子邮件得到同学的帮助 7. 学生通过网络与其他同学协作学习 8. 通过网络与其他修读这个课程的同学联系
教师支持	老师/导师必须定期地提供咨询与辅导。学生可随时地联系到老师/导师，老师/导师的反馈意见应该是中肯的、建设性的。老师/导师的支持可以帮助学生培养批判性的独立的思维能力	1. 教师通过网络帮助学生解决学习中碰到的问题 2. 教师积极引导大家参与网上讨论 3. 教师鼓励学生在网上表达意见 4. 教师的反馈意见具有鼓励性 5. 教师的反馈意见具有建设性 6. 教师及时通过网络回答学生的问题 7. 教师不以权威自居，而是像一个与学生平等的朋友 8. 通过电子邮件得到教师的帮助
技术支持	技术支持应该是最新地、及时地、方便地帮助学生和维护学习环境。技术支持应该能增进学生的计算机知识，并教会他们解决技术上的突发问题	1. 院校提供高质量的计算机设备供学生使用 2. 计算机和网络资源的使用说明详细 3. 老师或技术人员在需要时会帮助学生熟悉网上软件的使用 4. 课程提供网络技术问题的一系列常见问题解答 5. 在学习时网络连接可靠 6. 网络连接速度能保证学生正常学习 7. 课程提供一份详细的课程网络技术要求手册 8. 在需要时能得到技术人员的帮助以排除计算机硬件故障
学习评估	网上教学的评估应该是公平的。学生应该能够定期地获得鼓励性的正确的反馈，以帮助他们获得对知识的理解。这种反馈应该是经常性的	1. 学生能在网上接受老师布置的作业 2. 学生能在网上提交作业 3. 学生可以通过网络得到老师对作业的反馈 4. 作业题目设计良好 5. 做作业能使学生更好地理解课程内容 6. 课程提供网上小测验或其他自测活动 7. 学生经常做网上的自我测验 8. 学生能在网上查看作业和测验的分数

该量表每个维度下有 7—11 个数量不等的指标,整个指标体系共 70 项,采用李克特的五点等级,1—5 分别代表"非常不同意""不同意""中立""同意""非常同意"。具体的研究过程分为 10 个步骤:文献收集、综合及分析;网上教学平台和课程的国际比较;问卷调查;构想网上学习环境的评价模式及指标体系;内容效度的专家论证;先行性研究;信度测量;建构模型及指标;确认模型及指标;建立网上测评量表。

3.远程教育学习环境调查表

沃克等(Walker 等,2005)结合远程教育的特点,设计开发了远程教育学习环境调查表(Distance Education Learning Environments Survey,DELES),包括 6 个维度,分别是教师支持、学生互动与合作、个人相关性、真实学习、活跃学习以及学生自治(见表 7-6),量表共 34 项指标,采用李克特的五点等级。

表 7-6　远程教育学习环境调查表

维度	题目
教师支持	1. 如果我有疑问,教师会抽出时间来答复 2. 教师帮助我确定我的问题域 3. 教师迅速回答我的问题 4. 教师对我的作业给了重要的反馈意见 5. 教师充分回答了我的问题 6. 教师鼓励我参与 7. 我很容易联系到教师 8. 教师对我的工作给出正面和负面的反馈
学生互动与合作	1. 我和他人一起工作 2. 我把我的工作和别人的工作联系起来 3. 我和其他学生分享信息 4. 我和其他学生讨论我的想法 5. 我和班上其他学生合作 6. 小组工作是我活动的一部分
个人相关性	1. 我可以将学到的知识与大学以外的生活联系起来 2. 我可以追求我感兴趣的话题 3. 我可以将学业与校外活动联系起来 4. 我在课堂上运用我的日常经验 5. 我将课堂作业与大学以外的生活联系起来 6. 我了解大学以外的世界 7. 我运用我的课外经验

续表

维度	题目
真实学习	1. 我研究与课堂有关的真实案例 2. 我在课堂活动中使用真实事实 3. 我的任务是处理现实世界信息 4. 我用真实的例子 5. 我进入了学习主题的现实世界
活跃学习	1. 我探索自己的学习策略 2. 我寻求自己的答案 3. 我解决自己的问题
学生自治	1. 我决定学习 2. 我在方便的时候工作 3. 我控制着学习 4. 我在学习中起着重要作用 5. 我以自己的方式进行学习

该量表开发的具体过程分为3个阶段。第一阶段确定量表的维度,分为4个步骤:对远程教育的文献进行回顾,关注研究者和实践者认为高质量远程学习环境的关键要素;回顾已有的关于学习环境评价工具的研究;按照穆斯的社会组织理论框架(包含个人发展、人际关系以及系统维持与变化)对初步确定的量表的维度进行划分;邀请专家进行论证。第二阶段编制具体的指标项目,具体包括3个步骤:考虑否定的措辞或者反向计分项;调整先前已经验证的学习环境问卷中使用的项目;邀请专家进行效度论证。第三阶段是测试与分析,然后进行项目分析和验证。量表的验证面向的是采用远程学习的大学生。

(三)成效导向的学习环境量表/标准

1. 技术支持成效导向的学习环境量表

奥尔德里奇(Aldridge,2004)开发了以技术支持成效导向的学习环境量表(Technology-Rich Outcomes-Focused Learning Environment Inventory),该量表包括学生凝聚力、教师支持、参与、调查、任务定向、合作、公平、差异化、计算机使用和年轻成人气概共10个维度(见表7-7),每个维度8道题目,共80道题目,采用李克特五点等级的形式,1—5分别代表"几乎没有""很少""有时""经常""几乎总是"。量表开发过程中选择了澳大利亚的西澳大利亚州79个班级的772名中学生,塔斯马尼亚州48个班级的477名中学生共同参与测量。

表7-7 技术支持成效导向的学习环境量表

维度	描述
学生凝聚力	学生相互了解、帮助和支持的程度
教师支持	教师帮助、成为朋友、形容学生并对学生感兴趣的程度
参与	学生感兴趣、参与讨论、做更多工作并享受课堂的程度
调查	调查的技巧和过程以及在问题解决中调查的使用程度
任务定向	完成计划的活动及留在主题上的程度
合作	学生合作的程度而不是学习任务上相互竞争
公平	教师平等地对待学生的程度
差异化	根据能力、学习速度和兴趣的不同,教师迎合学生的程度有所不同
计算机使用	学生使用计算机作为与他人交流和访问信息的工具程度
年轻成人气概	教师赋予学生责任的程度,并将其视为年轻人

2.QM在线课程质量评价标准

美国在线教育质量保障机构马里兰公司(Quality Matters,QM)研制了QM在线课程质量评价标准,该标准以学习成效为导向,包括8个通用标准,分别为课程概述与介绍、学习目标、评估和测量、教学材料、课程活动与学生互动、课程技术、学生支持、信息无障碍化和可用性,共41项具体指标(钱玲等,2018),详见表7-8。

表 7-8 质量问题的量规标准

序号	维度	标准
1	课程概述与介绍	明确说明如何开始的,以及在哪里可以找到各种课程组件
		给学生们介绍该课程的目的和结构
		明确陈述在线讨论、电子邮件和其他通信形式的礼仪的期望(有时也被称为"网络礼仪")
		明确表述学生需要遵守的课程和/或机构的规则政策,或提供一个链接到当前的政策
		明确规定在纪律和/或任何所需的能力方面的必备知识
		明确规定预期的学生的最低技术技能
		老师的自我介绍是适当的,并在网上可见
		要求学生向全班介绍自己
2	学习目标	本课程描述的学习目标是可测量的
		模块/单元描述的学习目标是可测量的,并且和课程层次的目标一致
		学习目标表述明确,并从学生的角度编写
		充分和明确说明学生如何达到这些学习目标
		对课程层次来说,学习目标设计合理
3	评估和测量	选择的评估类型适合测量既定的学习目标,并且与课程活动和资源一致
		清楚描述本课程的定级政策
		为评价学生的工作和参与度提供具体的描述的标准,并与课程定级政策相联系
		选择的评估工具是顺序的、多样的,并适合评估要被评估的学生工作
		学生有多个机会来衡量自己的学习过程
4	教学材料	教学材料有助于既定的课程和模块/单元目标的实现
		明确解释教学材料的目的,以及教学材料是如何用于学习活动的
		课程中使用的所有资源和材料都进行合适的罗列
		教学材料是最新的
		教学材料在课程内容上呈现不同的视角
		清楚地陈述必需和可选材料之间的区别

续表

序号	维度	标准
5	课程活动与学生互动	学习活动可以促进既定学习目标的实现
		学习活动为支持积极主动学习的互动提供了机会
		明确陈述教师对课堂响应时间和作业反馈的计划
		明确阐释学生互动的要求
6	课程技术	工具和媒体支持课程的学习目标
		课程的工具和媒体支持学生的参与,并引导学生成为积极主动的学习者
		课程整个在线部分的导航是合乎逻辑的、一致的和高效的
		学生可以随时访问课程中所需的技术
		课程中的技术是最新的
7	学生支持	课程说明中阐明或链接到一个明确有关提供的技术支持及如何获得它的描述
		课程说明中阐明或链接到机构的无障碍设施政策和服务
		课程说明中阐明或链接到机构的学术支持服务和资源如何能够帮助学生成功的学习课程的解释,以及学生如何能够获得这些服务
		课程说明中阐明或链接到机构的学生支持服务如何能够帮助学生成功的解释,以及学生如何能够获得这些服务
8	信息无障碍化和可用性	课程使用易获得的技术,并提供指导
		课程包含相当于替代听觉和视觉内容
		课程设计有利于可读性和减少分心
		课程设计容纳辅助技术的使用

该标准采用李克特的三点等级,即不重要(分值1分)、较重要(分值2分)和必要(分值3分),总分为100分。QM标准有5个不同的版本,适用于高等教育、高等教育出版社、基础教育、基础教育出版社,以及继续和职业教育,其中继续和职业教育质量标准满足高中后继续和职业教育课程设计的独特需要,包括大规模开放在线课程(Massive Open Online Conrse,MOOC)和成人教育设计等,已经成为美国教育领域最具有影响力的在线课程质量评价标准之一。

对以上 5 个不同的学习环境测量量表或标准的维度进行比较分析,综合见表 7-9。

表 7-9 不同学习环境测量量表的维度比较

维度	Jegede（1995）	张伟远（2004）	Walker 等（2005）	Aldridge（2004）	Quality Matters（2018）
交互性	√	√	√		√
机构支持	√				
任务导向	√			√	√
教师支持	√	√	√	√	
协商	√				
灵活性（差异化）	√	√		√	
技术支持	√	√		√	√
人体工学（无障碍性）	√			√	√
教学设计（课程概述）		√			√
内容设计（学习目标）		√			√
网站设计		√			
学习评估		√			√
个人相关性			√		
真实学习			√		
活跃学习			√		
学生自治（学生支持、参与）			√	√	√
学生凝聚力				√	
调查				√	
合作				√	
公平				√	

从表 7-9 可以看出,典型的学习环境测量量表包含了 3 个及以上的要素

有8个,分别是交互性、任务导向、教师支持、技术支持、灵活性、人体工学、学习评估、学生自治。

第二节 互联网时代老年大学学习环境实践要素

一、老年大学学习环境实践要素探索

在理论建构的基础上,研究者采用焦点小组访谈的方式,从老年大学学员的视角出发,获取他们对老年大学学习环境的认识及需求,一方面验证理论建构模型的合理性,另一方面也以老年大学学员的实践评价为脉络,具体研究过程如下。

本书采用质性研究中扎根理论的取向,通过访谈的方法收集第一手资料,通过对文本资料进行编码分析从而生成研究结果。采用面对面的访谈形式,在访谈前期设计了半结构化访谈提纲,访谈提纲包括两个部分内容,第一部分是老年学习者的基本学习状态,参加老年大学的学习时长、学习内容、学习形式,是否有参与社区志愿活动或其他志愿活动;第二部分是老年学习者对老年大学学习环境的评价,具体主要包含3个基本问题,分别是:(1)您对当前老年大学的学习环境满意吗?满意或不满意之处主要有哪些?(2)您认为理想的老年大学学习环境是怎样的?为什么?(3)您认为为了更好地帮助老年人学习,提升老年学习成效,老年大学还需要作出哪些措施?为什么?最后请受访的老年学习者登记填写个人基本信息,包括年龄、最高学历、身体健康情况、居住方式以及目前职业状态情况。

在访谈过程中根据受访者提到的关键信息进行追问,让受访者尽量通过举例子的方式来阐释观点。在开展焦点小组访谈的过程中,由研究者本人去实施,尽可能地避开老年大学的管理人员在现场,降低受访者在受访过程中的

顾虑。

访谈的整体安排是进行了 5 次焦点小组访谈,访谈根据时间段的不同,每组 6—8 名老年学习者,每组的访谈时间为 1—1.5 小时,在征得访谈对象同意后,对访谈进行录音。

根据方便性和目的性原则,选择来自北京的 5 所社区老年大学的 35 名学习者作为访谈对象,访谈者基本信息如表 7-10 所示。

表 7-10 访谈者基本信息

类别	名称	人数	百分比(%)
性别	男	13	37.14
	女	22	62.86
年龄	55—59 岁	9	25.71
	60—64 岁	12	34.29
	65—69 岁	8	22.86
	70—74 岁	4	11.43
	75 岁以上	2	5.71
居住状态	与配偶、与子女同住	9	25.71
	与配偶同住,不与子女同住	20	57.14
	独居	6	17.14
健康状态	良好	30	85.71
	一般	5	14.29
合计		35	100

受访者学员性别比例约为 1∶2,女性比例高于男性,60—64 岁年龄段之间人数最多,达到 34.29%,70 岁以上的人数为 17.14%,超过半数的受访者主要与配偶同住,不与子女同住,身体健康状态主要是良好,均处于退休状态,仅有 2 名老年学习者处于退休但兼职,其他均为无业。受访的学员主要来自舞

蹈班、合唱班和书画班三个课程班。

访谈结束后,及时将访谈录音进行整理,并结合访谈过程中记录的笔记,进行比对和确认,形成访谈文本资料,将资料导入 Nvivo 11.0 软件,主要运用文本分析和内容分析法进行编码,提炼关键主题信息并归类,统计其出现的频次。首先进行开放式编码,研究者对文本中的每一句话体现出老年学习者对老年大学学习环境的评价或期待,都编辑为一个独立的节点;其次是进行轴式编码,用上一级的概念对节点进行概况;再次依据整体与部分的关系、结构关系等,进一步归纳老年学习者关注的老年大学学习环境的基本维度。

二、老年大学学习环境实践要素

通过访谈发现,老年学习者对老年大学的学习环境满意度比较高,绝大部分老年学习者都回答"比较满意",例如"感谢政府提供了这么好的环境,让我们很受益""老师太好了,无微不至地关心帮助我们""我特别愿意来参加某某健康大讲堂,10 年的讲座了,都是聘请专家,没有广告没有收费,反而还为我们编写配套教材,免费发给我们",在这些话语中体现出老年学习者对老年大学的整体态度。

在访谈过程中,对老年学习者提及的与学习环境相关的要素进行整理,将正面积极的评价和负面消极的评价都纳入了分析,因为消极评价也体现了老年学习者对学习环境的关注点,提炼了 19 个类目,之后进一步地提炼,将提及的要素归纳到 6 个基本维度中,形成老年学习者实践视域下老年大学学习环境的测量点。

维度一:办学条件

通过访谈资料的归类发现,在"办学条件"维度下析出"管理制度""文化氛围""基础设施"三个要素。具体而言,老年学习者认为老年大学学习环境:第一,管理制度,例如"学习积分制度""学习档案""学习奖励"等,必要的制度保障是老年大学运行的基础;第二,文化氛围,老年大学提供开放、包容,体现人文关怀的校园文化,能够增加老年学习者的学习归属感;第三,基础设施,老年大学学习者认为老年大学需要提供无障碍的基础设施环境、有独立专门的活动室等,如舞蹈室、合唱室等,供排练使用。

表7-11 办学条件维度析出的要素

维度	提取的学习环境要素	出现频次	资料中的原始特征句
A1 办学条件	A2-1 管理制度	16	"为我们建立老年学习档案""建立积分制度"
	A2-2 文化氛围	12	"时间安排上很照顾老人,对我们很关怀"
	A2-3 基础设施	10	"学习环境和设备不行,受场地限制,有些活动还比较扰民"

维度二:师资队伍

通过访谈资料的归类发现,在"师资队伍"维度老年学员最主要关注的是授课的教师或主讲的教师,析出"专业知识"、"专业能力"和"教学策略"三个要素。具体来说,老年学习者认为,老年大学的教师要具有专业的知识和专业的能力,懂得教学的方法,针对老年学习者的特征开展教学活动。

表7-12 师资队伍维度析出的要素

维度	提取的学习环境要素	出现频次	资料中的原始特征句
B1 师资队伍	B2-1 专业知识	10	"老师很有耐心,非常细致地讲字的间架结构"
	B2-2 专业能力	9	"老师教得真好,特别专业,我现在掌握了唱歌气息的调节,让我的身体更健康了"
	B2-3 教学策略	17	"学校老师愿意教我们,组织我们一块学习,加深我们的印象,学习得更透彻一些"

维度三:学习方法

通过访谈资料的归类发现,学习方法维度析出"教师面授""网络学习""相互研讨""自主学习"四类学习方式。具体来说,老年大学学习者更倾向于接受教师面授,但是并不排斥网络学习,一些老年学习者偏好开放式研讨的学习方式,也有一些老年学习者偏好自主学习。

表7-13 学习方法维度析出的要素

维度	提取的学习环境要素	出现频次	资料中的原始特征句
C1学习方法	C2-1 教师面授	40	"和老师面对面地交流比较有意思" "希望更多老年人能参加老年学习面授班"
	C2-2 网络学习	16	"我喜欢在网上学习,实用方便省时间,在家就能学" "可以在网上下载歌曲练习"
	C2-3 相互研讨	5	"更喜欢寓教于乐、相互切磋的形式" "我在业余时间自己组织合唱团,大家一起学习"
	C2-4 自主学习	6	"网上自主学习,得到信息量更大"

维度四:信息技术

通过访谈资料的归类发现,一些老年学习者已经意识到信息技术的重要性,对信息技术持开放和接受的态度,"信息技术支撑"是老年学习者关注学习环境的重要因素,在"信息技术"维度下析出"工具运用""使用帮助""问题解决"三个要素。具体而言,老年学习者认为:(1)老年大学学习环境要提供与信息技术相关的学习内容,尤其是相关工具的学习,如电脑的基本操作、音视频软件等;(2)使用帮助,老年大学学员认为老年大学的学习环境中需要针对老年人的特点提供必要的使用帮助,主要是相关的培训,以帮助他们解决使用过程中遇到的问题;(3)信息技术使用过程中出现的问题能够得到帮助并及时解决。

表 7-14 信息技术维度析出的要素

维度	提取的学习环境要素	出现频次	资料中的原始特征句
D1 信息技术	D2-1 使用帮助	14	"开一些培训,教教我们怎么在网上找一些自己需要的内容""学校要给我们个人开一些培训,我身边很多人都肯学的"
	D2-2 工具运用	10	"电脑方面我学了很多,有会声会影和PS""现在基本上对电脑的基本操作还是了解一些,自己出去玩回来后还能做一些小片"
	D2-3 问题解决	6	"现在如果没有这些电脑、手机的学习,我们就是一个文盲,有人能及时帮我们解决一些技术问题就很好""有时候软件还是不会操作,老师一步一步带着我做"

维度五:学习资源

通过访谈资料的归类发现,老年学习者对学习环境中学习资源的重视,析出三个要素,分别是"数量丰富""个性需求""优质资源"。

表 7-15 学习资源维度析出的要素

维度	提取的学习环境要素	出现频次	资料中的原始特征句
E1 学习资源	E2-1 数量丰富	18	"希望能在这里学习更多的课程"
	E2-2 个性需求	16	"老年教育就是对老年人的心理慰藉,课不用多,但是要起到温暖的作用""能更多地了解周围社会"
	E2-3 优质资源	10	"我觉得高质量的课程还是不够多,学习内容很多,但是质量是否都能保证,这个说不好"

维度六:时空适应

通过访谈资料的归类发现,老年学习者期待学习环境具有"时空适应"的灵活性,主要体现为"方式灵活""地点灵活""时间灵活"。

表7-16 时空适应维度析出的要素

维度	提取的学习环境要素	出现频次	资料中的原始特征句
F1 时空适应	F2-1 方式灵活	7	"多种形式结合的学习方式比较吸引人"
	F2-2 地点灵活	5	"如果有机会我们想去户外上上课,春秋天天气好的时候出去采风,多好"
	F2-3 时间灵活	6	"有时候时间上不可控,更希望自主选择"

第三节 互联网时代老年大学学习环境评估模型

总结出老年大学学习者对老年学习环境最关注的是办学条件、师资队伍、学习方法、信息技术、学习资源、时空适应这六个方面,将文献研究和实践访谈形成的基本维度进行了并置、比较,可以发现,实践构建论证了理论构建的结果,二者基本逻辑一致,大体围绕"学习论与技术结合"的逻辑,理论构建与实践构建的比较结果见图7-3。

在理论构建中,形成了"学习评估"的维度,而在老年大学的实践中,对老年学习者自身对学习评价或学习评估,并没有谈及很多内容,这可能与我国老年大学学员对自己构建的终身学习的意义有关,他们可能不想因为评价而产生学习的压力,对学习过程的重视超越了对学习结果的重视。然而无论什么群体,学习评价应该都是学习中不可缺少的环节,体现了对学习目标和内容的反馈,互联网时代的老年大学作为一个老年终身学习的机构,应该注重学习评价,这里的学习评价不是分数或排名,而是老年学员个人的增值与发展的评价,体现他们在老年大学精神层面的获得感。

第七章 互联网时代老年大学学习环境评估理论模型

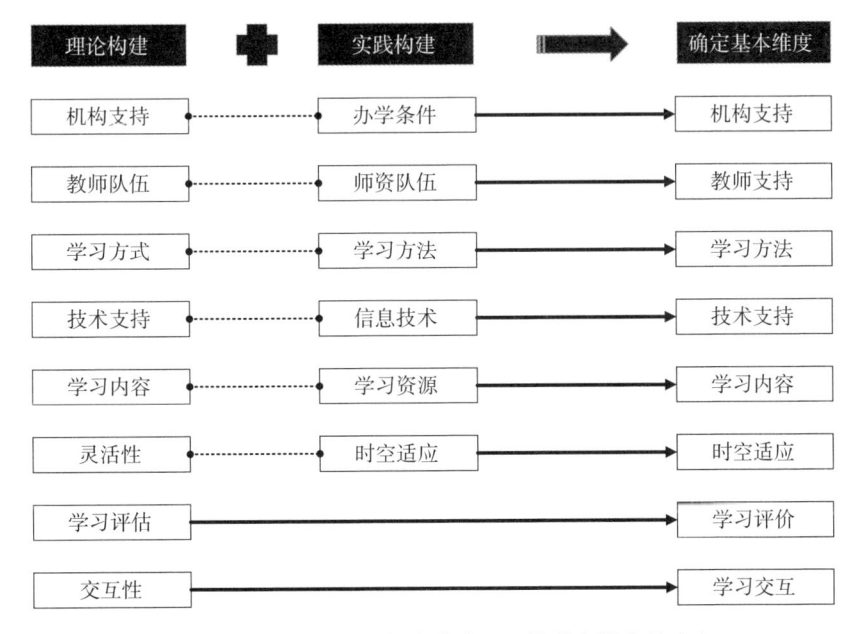

理论构建	＋	实践构建	➡	确定基本维度
机构支持	┈┈	办学条件	→	机构支持
教师队伍	┈┈	师资队伍	→	教师支持
学习方式	┈┈	学习方法	→	学习方法
技术支持	┈┈	信息技术	→	技术支持
学习内容	┈┈	学习资源	→	学习内容
灵活性	┈┈	时空适应	→	时空适应
学习评估			→	学习评价
交互性			→	学习交互

图 7-3　互联网时代老年大学学习环境基本维度的建立

在理论建构中，形成了"学习交互"的维度，而在实践构建中，老年学习者并没有过多陈述关于学习交互的内容，可能的原因是"学习交互"是一个抽象、学术性的话语，因而老年学员表述得不多。然而对于任何一种学习来说，学习交互是必不可少的。学习交互不仅包含与人的交互，也包含了与学习内容的交互，在互联网时代，广义的学习交互体现在技术操作层面的交互、知识与信息层面的交互以及人际关系的交互，本书重点定位在人际关系的交互上，以突出互联网时代老年大学的学习环境需要构建新的社会关系和社会秩序。

研究综合理论构建和实践构建，确定了互联网时代老年大学学习环境的要素，分别是机构支持、教师支持、技术支持、学习内容、学习方法、学习评价、学习交互和时空适应（见图 7-4）。

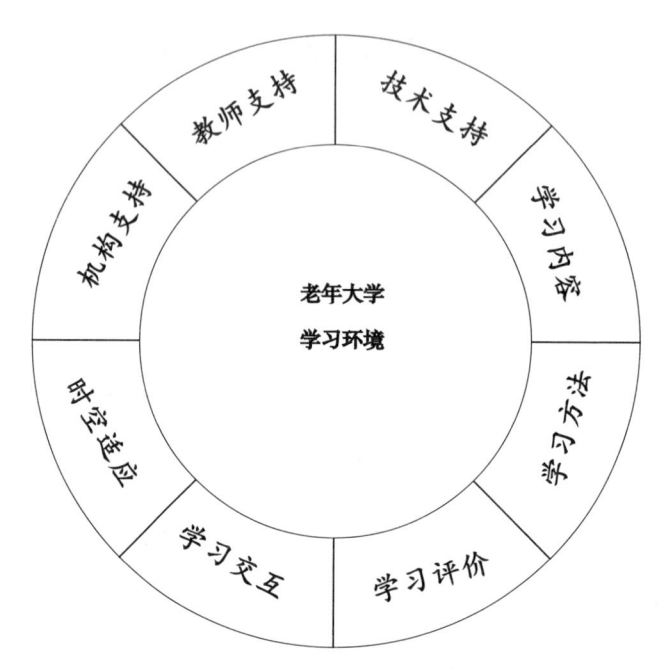

图 7-4　互联网时代老年大学学习环境要素

小　结

本书结合互联网时代老年大学学习环境具有融合信息化、社区化和人本化为一体,体现友好性、开放性和参与性,同时满足老年学习者知识获取、技能提升和价值实现的需求的基本特征,构建互联网时代老年大学学习环境理论框架图,如图 7-5 所示。

研究认为互联网时代老年大学学习环境的社区化特征,由机构支持、教师支持这两个要素来体现,人本化特征由学习交互、时空适应这两个要素来体现,信息化则由技术支持这一要素来体现。老年大学学习环境突出开放性、参与性和友好性,机构整体目标是帮助老年群体达成知识获取、技能提升、价值实现的目标,增强自信,保持生命活力,以实现积极老龄化。学习内容、学习方

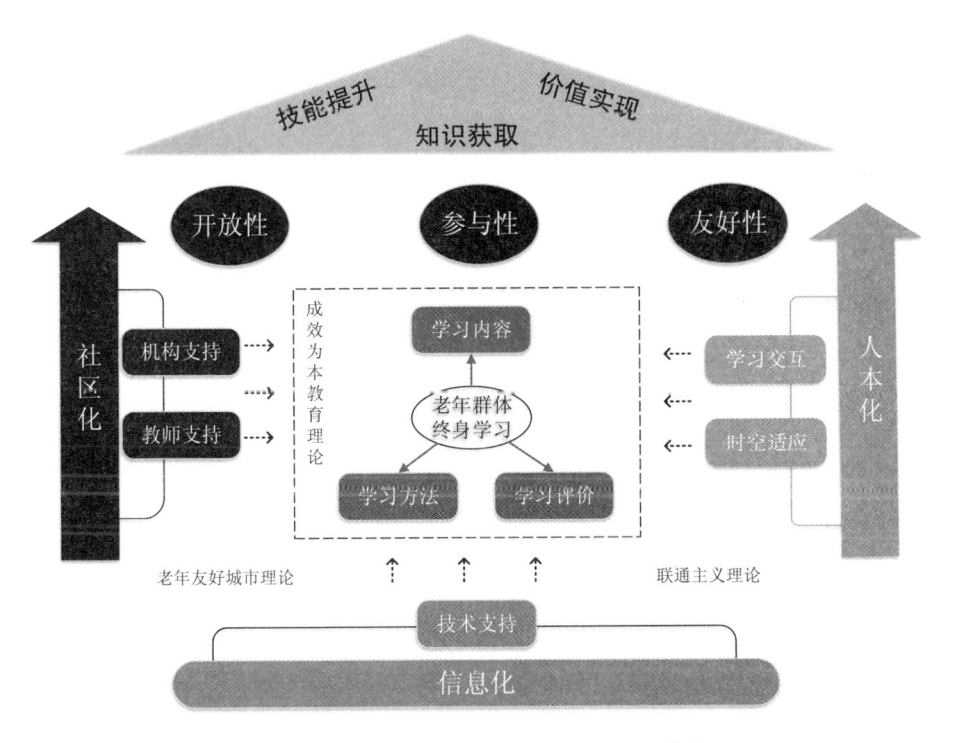

图 7-5 互联网时代老年大学学习环境理论框架图

法、学习评价以成效为本教育理论为基础,具有内部一致性,也是老年大学的正规教育与非正规教育、非正式学习的区别之处。

研究基于上述理论框架图,提出八个要素之间的关系假设,见图7-6。

研究假设学习内容、学习方法、学习评价对老年学习成效有直接影响,机构支持、教师支持、技术支持、学习交互、时空适应对老年学习成效有间接影响,以上假设在后续研究中进行验证。

根据理论建构细化的要素,以及实践建构二级编码中的本土化概念节点,进一步构建互联网时代老年大学学习环境的二级维度。

(1)机构支持

机构支持以老年友好城市理论为支撑,确定积极老龄化的办学理念和办

```
                    ┌─────────────────┐
                    │  老年学习成效目标  │         ┌──────┐
                    └────────▲────────┘         │ 目标 │
                             │                  └──────┘
    ┌────────────────────────┼────────────────────────┐
    │  ┌──────┐      ┌──────┐│      ┌──────┐          │   ┌────────┐
    │  │学习内容│     │学习方法│     │学习评价│          │   │直接影响│
    │  └──────┘      └──▲───┘       └──────┘          │   └────────┘
    └───────────────────┼─────────────────────────────┘
                        │
    ┌───────────────────┼─────────────────────────────┐
    │┌──────┐ ┌──────┐ ┌──────┐ ┌──────┐ ┌──────┐     │   ┌────────┐
    ││机构支持│ │教师支持│ │技术支持│ │学习交互│ │时空适应│     │   │间接影响│
    │└──────┘ └──────┘ └──────┘ └──────┘ └──────┘     │   └────────┘
    └─────────────────────────────────────────────────┘
```

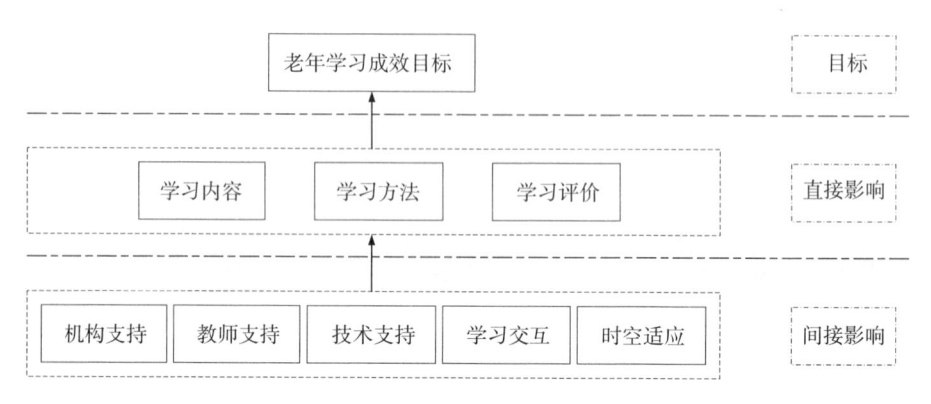

图 7-6 八个要素之间的关系假设

学目标，在组织管理方面突出社会文化的影响，在办学设施方面突出无障碍性，包括实体的物理学习空间及网络虚拟学习空间的无障碍性两方面。

（2）教师支持

互联网时代老年大学的教师不仅是学习活动的设计者，也是教学交互的促进者，老年大学的教师不仅需要具备授课内容的专业化知识，线上或线下学习活动的设计与组织的能力，还需要具备引导老年学习者发现社会网络关系节点的策略，帮助老年学习者建立社会关系联结及知识网络联结。

（3）技术支持

互联网时代老年大学需要紧跟互联网等信息技术发展的步伐，为老年学习者提供网络学习环境支撑，以满足老年学习者多样化的学习需求，老年大学在技术支持方面不仅需要提供必要的基础设施、网络学习平台，也需要提供技术使用过程中困难解决的方式，还需要提供相应工具支持以更好地帮助老年学习者实现知识的汇聚和整合。

（4）学习内容

互联网时代老年大学的学习内容需要满足老年群体兴趣爱好、提高生活质量、教育后辈等需求，在内容的组织上需要以成效为本教育理论为指导，突出内容与学习目标的一致性，并提供形式多样的学习资源以帮助学习者达成学习目标。

(5)学习方法

互联网时代老年大学的学习方法服务于学习成效的达成,鼓励老年学习者开展小组和合作学习,将课堂教学与实践结合起来,突出老年大学与社会的开放性,鼓励老年学习者联通学习,具体来说鼓励老年学习者根据自己的专长为同伴辅导、分享学习资源或课外学习经验,促进教学交互的同时提高老年学习者的社会参与性,贡献自身力量。

(6)学习评价

互联网时代老年学习评价立足于学习成效是否达成,评价理念上突出过程性评价和增值性评价,关注老年个体的变化而不是相互比较,在评价方案的制定上要突显出与学习目标、学习内容的一致性,以多种主体、多元方式开展学习评价,重视老年学习者学习的参与情况与个体自身的变化。

(7)学习交互

互联网时代老年大学学习交互强调的是人际互动,表现为师生互动、生生互动及校外互动,老年大学要与社区融合发展,鼓励老年学习者校外结对学习、鼓励学习者建立或者参与社区学习圈,体现老年大学学习环境的开放,与社区的融通。

(8)时空适应

学习环境的"时空适应"作为单独一个要素,定位是学习环境中时间、地点和机制的灵活性,体现为学习环境的时空适应,以及对过往教育经历或其他形式学分的认可,并不强调在学习方法、学习内容或学习交互方面的可选择性。

第八章 互联网时代老年大学学习环境测量量表

互联网时代老年大学学习环境测量量表的开发围绕"指标建立—效度论证—预测量—主测量—量表认证—模型验证—在线测量平台的设计与开发"的思路展开,通过探索性因子分析,确定互联网时代老年大学学习环境测量量表包含8个维度共78个指标项,经专家论证,确定所开发量表内容效度,采用验证性因素分析,确定所开发的量表具有较好的结构效度,开发在线测量平台,用于大规模测量使用。

第一节 互联网时代老年大学学习环境测量量表开发

一、指标建立

基于所建构的互联网时代老年大学学习环境理论模型中包含的八个要素,确定为量表的一级维度,依据已有学习环境测量量表要素以及老年大学学习者实践访谈结果,确定了二级维度(见图8-1)。

对二级维度进行分解和细化,形成三级指标,确定为具体的测量观察点,

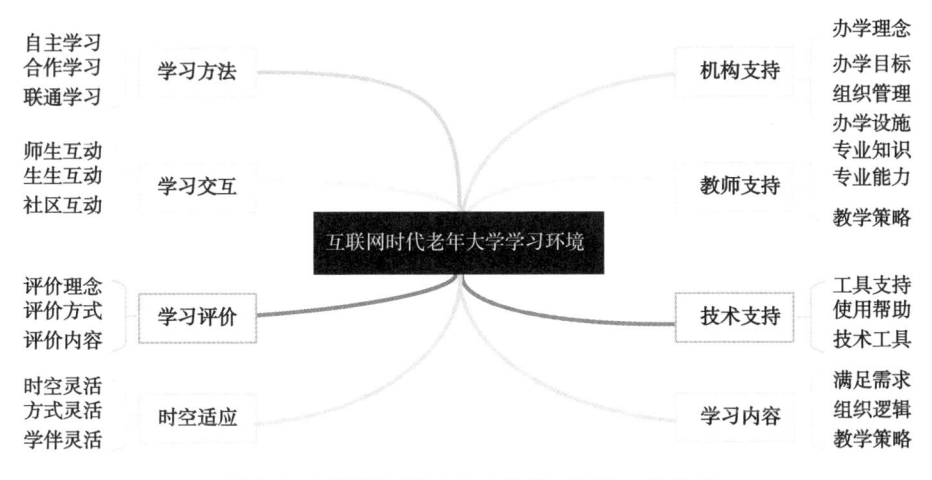

图 8-1　互联网时代老年大学学习环境二级维度

初步形成的测量维度体系包含 8 个一级维度、25 个二级维度和 115 个三级指标。

二、效度论证

邀请了 15 位终身教育、社区教育研究、老年教育的专家对量表确定的指标进行内容效度分析,首先将"互联网时代老年大学学习环境测量第一轮专家论证表"通过邮件发送至专家邮箱,请各专家在规定的时间节点反馈修改意见,根据专家的意见,修改量表的内容、陈述,删除 6 道题目。

修改的题目例如"将积极老龄化理念贯穿教学与管理中",由于积极老龄化对老年人来说是比较抽象的,因此修改为"将'健康、保障、参与'的积极老龄化理念贯穿到教学与管理之中";"坚持立德树人的办学目标"更多地适用于普通高校的大学生,老年大学的办学目标更强调"坚持社会主义核心价值观",满足老年群体幸福生活和老年人力资源再开发和再利用;老年学员对什么是"混合式"教学方法不理解,建议要陈述清楚是"线下和线上相结合的教学方法";"教师能够了解学习者的学习行为"的表述不清晰,建议修改表述为

"教师了解学习进度或者在线学习情况"等。

删除的题目分别是：（1）"为学习者提供专业选择指导"，专家指出只有老年学历教育中强调专业，一般老年大学都以短期课程为主要形式，并不强调专业，建议将该项删除，考虑到未来发展性，可以与"为学习者提供课程选择指导"合并；（2）"教师了解积极老龄化的知识"与"机构支持"将"积极老龄化的理念贯穿教学与管理中"有重复，建议删除；（3）"尊重学习者的自我评价"表述太宽泛，难以把握是否体现了"尊重"，建议删除；（4）"为学习者提供考务咨询"，"考务"的话语表述还是停留在普通高等学校层面，老年大学并不十分追求考试，不突出考务，建议删除；（5）"各类外文学习材料配套有中文翻译"，涉及外语类教学的老年大学非常少，这项指标可以删除；（6）"学习者可以与社区人员一起混龄学习"，这项表述与"鼓励学习者建立或参与社区学习圈"重复，建议删除。

综合专家意见，对量表的内容进行了修改和调整，修改后的量表发送给专家，请专家进行第二次论证，提出修改意见。第二轮专家评议反馈意见对二级维度逐渐趋于一致，分歧主要集中在三级指标上，停止开展第三轮专家论证，集中对三级指标进行修改，规范各项指标的主语，修改指标表述。

三、预测量

对经过专家评议后的指标进行整理，形成初步量表，采用李克特五点等级评价法，从"非常一致"到"非常不一致"，计5到1分（5表示"非常一致"，4表示"一致"，3表示"中立"，2表示"不一致"，1表示"非常不一致"）。

本书在北京市、南京市各选择5所社区老年大学，每所老年大学按照分层抽样和整班抽样的方式选择1—3个班级，采用纸质和网络相结合的方式进行量表发放，每个老年大学由一名专职老师负责指导问卷填答，统计发放问卷的班级总人数，共有27个班级416名老年学员，网络量表设置了不支持断点续答、必答完整后提交，保证了所有回收的数据都是有效数据，纸质量表由负责的老师进行回收,最终收集了有效问卷 344 份,问卷回收率为 82.69%。前导测试被调查者基本情况如表 8-1 所示。

表 8-1 前导测试被调查者基本情况

类别	内容	人数	百分比(%)
性别	男	64	18.6
	女	280	81.4
年龄	50 岁以下	36	10.47
	51—54 岁	65	18.9
	55—59 岁	93	27.03
	60—64 岁	85	24.71
	65—69 岁	45	13.08
	70—74 岁	17	4.94
	75—79 岁	3	0.87
最高学历	初中及以下	37	10.76
	高中	77	22.38
	中专/中职/技校	28	8.14
	大专/高职	116	33.72
	本科	81	23.55
	硕士研究生	5	1.45
	博士研究生	0	0
身体状况	健康	205	59.59
	良好,不影响工作和生活	133	38.66
	欠佳,影响正常工作和生活	6	1.74
总计		344	100

表 8-1 显示,被调查的老年学员中,女性学员为主要群体,达到 81.4%;年龄分布主要集中在 51—64 周岁之间,其中 55—59 岁年龄段的人数最多,为

27.03%;最高学历主要是"大专/高职",占33.72%,其次是"本科",占23.55%,再次是"高中",占22.38%;超过50%以上的被调查者身体健康。前导测试被调查者居住状况和收入情况如表8-2所示。

表8-2 前导测试被调查者居住状况和收入情况

类别	内容	人数	百分比(%)
居住地	城市	241	70.06
	城乡接合部	24	6.98
	乡镇	65	18.9
	农村	14	4.07
居住方式	与配偶及子女同住	151	43.9
	与配偶同住,无子女同住	146	42.44
	单独居住	43	12.5
	入住养老院	0	0
	其他	4	1.16
职业状态	尚未退休	41	11.92
	退休,暂不工作	241	70.06
	退休后继续聘任或兼职	28	8.14
	退休后自己创业	13	3.78
目前平均月收入	3000元及以下	81	23.55
	3001—6000元	156	45.35
	6001—9000元	76	22.09
	9001—12000元	19	5.52
	12001—15000元	7	2.03
	15001—18000元	1	0.29
	18001元及以上	4	1.16

表8-2显示,被调查的老年学员有70.06%是居住在城市,有18.9%居住

在乡镇;最主要的居住方式是与配偶同住,达到86.34%,"与配偶及子女同住"和"与配偶同住,无子女同住"的情况基本持平,分别是43.9%和42.44%;有70.06%的被调查者处于"退休,暂不工作"的状态,有11.92%的被调查者处于退休后继续工作状态;被调查者中平均月收入主要在3001—6000元,所占比例最高,达到45.35%,其次是3000元及以下,所占比例为23.55%。

编制测试量表由117项题目组成,其中基本信息题目8项,量表主体问题109项,"机构支持"指标17项,"教师支持"指标19项,"技术支持"指标12项,"学习内容"指标11项,"学习方法"指标12项,"学习评价"指标14项,"学习交互"指标12项,"时空适应"指标12项(见表8-3)。

表8-3 前导测试量表基本框架

	一级维度	指标数量
互联网时代老年大学学习环境	机构支持	17项
	教师支持	19项
	技术支持	12项
	学习内容	11项
	学习方法	12项
	学习评价	14项
	学习交互	12项
	时空适应	12项

通过分层抽样和整班抽样的方式,收回北京市和南京市各5所老年大学共27个班级的344份老年学员有效数据,回收率为82.69%。

信度是测试量表指标的稳定性和同一性,研究使用SPSS 25.0软件,对回收的344份有效数据进行内部一致性检验和折半信度检验,整体克隆巴赫Alpha系数为0.965,各个维度的克隆巴赫Alpha系数和折半信度系数如表8-4所示。

表 8-4　前导测试各维度的内部一致性系数

内容维度	题目数	克隆巴赫 Alpha 系数	折半信度系数
机构支持	17	0.963	0.921
教师支持	19	0.976	0.945
技术支持	12	0.975	0.958
学习内容	11	0.972	0.948
学习方法	12	0.978	0.947
学习评价	14	0.987	0.958
学习交互	12	0.976	0.958
时空适应	12	0.963	0.946

从表 8-4 可以看出,在测量量表中 8 个维度共 109 项题目,各个维度的克隆巴赫 Alpha 系数都在 0.95 以上,折半信度系数都在 0.92 以上,表明测量量表具有良好的内部一致性。

通过鉴别度分析和总分相关性检验的方式检验量表的每个题项是否合适。鉴别度分析是检验高分组和低分组在每个指标上的差异性,在 344 份样本中,高分组为总分值排序前 27% 的 93 条数据,总得分在 536—545 分之间(分组编码为 1),低分组为总分值排序后 27% 的 93 条数据,总得分在 109—443 分之间(分组编码为 2),采用独立样本 t 检验的方式来检验全部 109 道题目的差异性,t 检验结果显示,所有的题目均达到显著性水平(p<0.000),表示题目具有鉴别度。

相关性检验的目的在于检验量表中每一题项与总分的相关程度,从统计学意义上来说,所有题目与量表总分之间的相关系数绝对值需要在 0.40 以上,才表征此题项与整体量表的同质性较高。通过检验每个指标项与总分的 Pearson 相关性,显著性(双尾)p 值都小于 0.05,相关系数均在 0.621 以上,表明每道题目与总分呈现高度相关,保留所有题目。使用量表进行下一轮测量。

四、主测量

基于前导研究调整后的指标,进行量表的主测量,测量表由 117 项题目构成,其中基本信息题目 8 项,量表主体问题 109 项。

研究在北京市、南京市、成都市各选择 2 所老年大学,每所老年大学采用目的抽样和整班抽样的方式选择 5—10 个班级,采用问卷星进行网络问卷的发放。研究前期制定了实施指南,明确了问卷发放对象及发放要求,每所老年大学有一名专职管理教师负责对接,由管理教师将问卷的二维码或链接转发到班级的微信群或 QQ 群,并统计转发班级的名称及班级总人数。

网络问卷设置了不支持断点续答、必答完整后提交、一个 IP 地址只能提交一次,保证了所有回收的问卷都是有效问卷,在问卷中设置了所占课程班级名称及总人数,供研究者对管理人员提供的班级总人数与老年学员自身填写的数据进行比对,发放问卷总数为 1156 人,收集 709 份数据,回收率为 61.33%。使用 SPSS 25.0 软件进行统计与分析。

主测量阶段调查对象基本情况如表 8-5 所示。

表 8-5　主测量阶段调查对象基本情况

类别	内容	人数	百分比(%)
性别	男	164	23.1
	女	545	76.9
年龄	50 岁及以下	23	3.2
	51—54 岁	83	11.7
	55—59 岁	192	27.1
	60—64 岁	196	27.6
	65—69 岁	131	18.5
	70—74 岁	69	9.7
	75—79 岁	14	2
	80 岁及以上	1	0.1
学校所在省份	北京	110	15.51
	江苏	283	39.92
	四川	316	44.57

被调查者男性与女性的比例约为 1∶3,女性老年学员为主要群体,占76.9%,主要的年龄段为 55—64 岁,其中 60—64 岁老年人占 27.6%,55—59 岁年龄段有 192 人。

研究在北京市、南京市、成都市各选择 2 所老年大学,每所老年大学采用分层抽样和整班抽样的方式选择 5—10 个班级,共发放 44 个班级 1156 人,收回 709 份有效数据,回收率为 61.33%。709 份有效数据整体克隆巴赫 Alpha 系数是 0.946,各维度的克隆巴赫 Alpha 系数和折半信度系数如表 8-6 所示。

表 8-6　主测量阶段量表信度分析

内容维度	题目数	克隆巴赫 Alpha 系数	折半信度系数
机构支持	17	0.971	0.926
教师支持	19	0.966	0.903
技术支持	12	0.964	0.933
学习内容	11	0.955	0.902
学习方法	12	0.970	0.938
学习评价	14	0.982	0.956
学习交互	12	0.940	0.898
时空适应	12	0.875	0.831

从表 8-6 可以看出,测量表中 8 个维度的题目,克隆巴赫 Alpha 系数都在 0.875 以上,折半信度系数都在 0.831 以上,表明量表具有良好的内部一致性。

对主测量回收的数据再次进行项目分析,采用独立样本 t 检验的方法来检验高分组、低分组测量平均数在每个题项上的差异是否达到显著,通过高分组和低分组独立样本 t 检验分析,每个题项高分组(总分为 533—545 分之间)与低分组(总分在 109—377 分之间)存在显著性差异($p<0.000$),保留所有题项。

对每个题项与总分做相关性分析,每个题项与量表总分之间的相关系数绝对值需要都大于 0.40,通过检验结果显示显著性(双尾)p 值都小于 0.05,相关系数绝对值均在 0.663 以上,表明每个题目与总分之间相关性良好,对题项不做删减,保留所有题项。

项目分析完之后,使用 SPSS 25.0 软件对样本数据进行探索性因素分析,KMO 值为 0.979,Bartlett 球形检验达到显著,说明适合进行探索性因素分析。研究采用主成分分析法,选择最大方差法旋转,抽取时选择提取的因子设定为 8,此阶段的探索性因素分析经过了多次探索与试探程序,将不属于该维度的题目或载荷值极低的题目删除,最终形成了较佳的因素结构。

探索性因素分析的具体流程如图 8-2 所示。

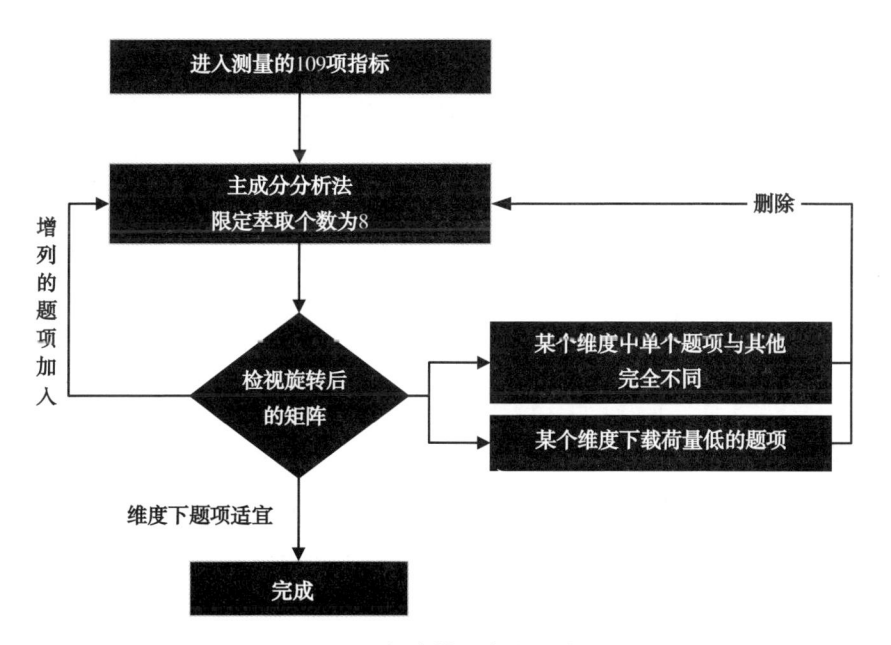

图 8-2 探索性因素分析过程

经过多轮探索性分析,依次删除了 31 道题目,最终提取 8 个因子,总体累计的解释率为 70.877%,旋转以后的解释总方差如表 8-7 所示。

表 8-7 解释的总方差

成分	初始特征值 合计	初始特征值 方差的%	初始特征值 累计%	提取平方和载入 合计	提取平方和载入 方差的%	提取平方和载入 累计%	旋转平方和载入 合计	旋转平方和载入 方差的%	旋转平方和载入 累计%
1	41.080	51.350	51.350	41.080	51.350	51.350	15.078	18.847	18.847
2	4.485	5.606	56.956	4.485	5.606	56.956	10.236	12.795	31.642
3	3.112	3.890	60.847	3.112	3.890	60.847	8.821	11.027	42.669
4	2.235	2.794	63.641	2.235	2.794	63.641	6.370	7.962	50.631
5	1.754	2.193	65.834	1.754	2.193	65.834	5.314	6.643	57.274
6	1.495	1.868	67.702	1.495	1.868	67.702	4.728	5.910	63.184
7	1.301	1.626	69.328	1.301	1.626	69.328	4.162	5.203	68.387
8	1.239	1.548	70.877	1.239	1.548	70.877	1.992	2.490	70.877

通过主成分分析后,形成8个维度共78项指标,根据各个因子内部指标项的分析,对因子的命名未作出改变,分别是机构支持(14项)、教师支持(10项)、技术支持(11项)、学习内容(7项)、学习方法(9项)、学习评价(11项)、学习交互(6项)、时空适应(10项)。

五、量表认证

对主测量的量表进行认证,认证量表由86道题目构成,其中基本信息题目8项,具体问题78项。研究在北京市、南通市各选择2所社区老年大学,采用分层抽样和整班抽样的技术,在每所老年大学选择5—10个班级,共32个班级,利用问卷星进行网络量表的发放。每所老年大学有一名专职管理教师负责对接,研究将调查实施指南发放给管理教师,明确发放对象及发放要求,由管理教师将量表的二维码或链接转发到班级的微信群或QQ群,并统计转发班级的名称及班级总人数。

网络量表设置了不支持断点续答、必答完整后提交、一个IP地址只能提交一次,确保收集的数据都是有效的,在量表中设置了所在课程班级名称及总人数,供研究者对管理人员提供的班级总人数与老年学员自身填写的数据进行比对,发放量表共32个班级792人,收集了503份有效数据,回收率为64.27%。量表认证阶段调查对象基本情况如表8-8所示。

表8-8 量表认证阶段调查对象基本情况

类别	内容	人数	百分比(%)
性别	男	100	19.9
	女	403	80.1
年龄	50岁及以下	27	5.4
	51—54岁	125	24.9
	55—59岁	119	23.7
	60—64岁	113	22.5
	65—69岁	96	19.1
	70—74岁	19	3.8
	75—79岁	4	0.8
最高学历	初中及以下	20	4
	高中	93	18.5
	中专/中职/技校	65	12.9
	大专/高职	184	36.6
	本科	118	23.5
	硕士研究生	19	3.8
	博士研究生	4	0.8
身体状况	健康	382	75.9
	良好,不影响工作和生活	118	23.5
	欠佳,影响正常工作和生活	3	0.6

表8-8显示,男性与女性的比例约为1∶4,女性老年学员为主要群体,占80.1%,主要的年龄段为51—54岁,其中60岁及以上的老年人占总人数的46.2%。老年学员的最高学历主要为"大专/高职",占总人数的36.6%,其次是"本科",占总人数的23.5%。老年学员身体状况主要为"健康",占总人数

的 75.9%。

为了对主测量获得的结果进行认证,认证阶段使用的量表由 86 道题目构成,其中基本信息题目 8 项,具体问题 78 项。研究选择了与主测量阶段不同的样本进行认证,在北京市、南通市各选择 2 所社区老年大学,采用分层抽样和整班抽样的技术,在每所老年大学选择 5—10 个班级,共 32 个班级,利用问卷星进行网络量表的发放,发放班级总人数是 792 人,其中有效数据 503 份,回收率为 64.27%。研究使用 SPSS 25.0 软件,对新回收的 503 份有效数据进行内部一致性检验,问卷的整体克隆巴赫 Alpha 系数为 0.923,各个维度克隆巴赫 Alpha 系数和折半信度系数如表 8-9 所示。

表 8-9 量表认证阶段信度分析

内容维度	题目数	克隆巴赫 Alpha 系数	折半信度系数
机构支持	14	0.970	0.924
教师支持	10	0.935	0.904
技术支持	11	0.962	0.948
学习内容	7	0.944	0.921
学习方法	9	0.973	0.945
学习评价	11	0.984	0.962
学习交互	6	0.906	0.881
时空适应	10	0.886	0.845

表 8-9 显示,量表各个维度的克隆巴赫 Alpha 系数在 0.886—0.984 之间,折半信度系数在 0.845—0.962 之间,表明量表具有良好的内部一致性。

通过探索性因素分析的方法将观测变量进行重新聚类,运用 SPSS 25.0 软件对量表的题项进行 KMO 与 Bartlett 球形检定,KMO 的值为 0.962,Bartlett 球形检验显著($p<0.000$),适合进行探索性因素分析。采用主成分分析法进行探索性因素分析,以最大方差正交旋转方法进行因素转轴,选择特征值大于

1的因子,此阶段主要目的是论证模型,在旋转的过程中,不再删减指标,只通过一次旋转,通过旋转后得到8个因子,旋转后的整体解释度为74.282%,详见表8-10。

表8-10 解释的总方差

成分	初始特征值 合计	初始特征值 方差的%	初始特征值 累计%	提取平方和载入 合计	提取平方和载入 方差的%	提取平方和载入 累计%	旋转平方和载入 合计	旋转平方和载入 方差的%	旋转平方和载入 累计%
1	42.490	53.785	53.785	42.490	53.785	53.785	11.036	13.969	13.969
2	4.139	5.239	59.024	4.139	5.239	59.024	9.457	11.970	25.940
3	2.999	3.797	62.821	2.999	3.797	62.821	9.066	11.476	37.416
4	2.641	3.343	66.164	2.641	3.343	66.164	9.065	11.475	48.891
5	1.890	2.392	68.556	1.890	2.392	68.556	7.688	9.731	58.622
6	1.639	2.074	70.630	1.639	2.074	70.630	4.818	6.099	64.721
7	1.569	1.986	72.616	1.569	1.986	72.616	4.386	5.552	70.273
8	1.316	1.666	74.282	1.316	1.666	74.282	3.168	4.010	74.282

通过旋转之后发现,"机构支持"维度、"学习方法"维度、"技术支持"维度、"学习评价"维度的指标没有任何变化,论证了原量表在"机构支持""学习方法""技术支持""学习评价"维度具有一定的结构信度。

其他四个维度旋转之后在结构上出现了变化和微调,根据对指标内容的综合分析,在此阶段未对量表各个维度结构进行调整,拟通过验证性因素分析来进行结构论证,现阶段确定的量表结构仍然是"机构支持"维度14项指标,"教师支持"维度10项指标,"技术支持"维度11项指标,"学习内容"维度7项指标,"学习方法"维度9项指标,"学习评价"维度11项指标,"学习交互"维度6项指标,"时空适应"维度10项指标。

依次对每个维度进行二阶因子分析,发现:

"机构支持""教师支持""技术支持""学习内容""学习方法""学习评

价""学习交互"各维 KMO 的值都大于 0.9,Bartlett 的球形度检验为显著(p<0.01),适合进行因子分析。通过主成分分析,采用正交旋转法抽取特征值大于1的因子都只有1个。"时空适应"维度共10个指标,KMO 的值为 0.860,Bartlett 的球形度检验为显著,适合进行因子分析。通过主成分分析,采用正交旋转法抽取特征值大于1的因子共3个,解释的方差为 65.893%。

综上所述,八个维度中仅有"时空适应"维度有明显的二阶因子,其他维度通过主成分分析之后都是一个因子,一方面说明各个维度不适合内部进行划分二级维度,另一方面验证了上述对 78 项指标的探索性分析过程中,"时空适应"维度指标出现的三处位置变化。综合二阶因子分析结果,研究在最终确定的量表中,不再区分二级维度,采用"维度+指标"形式,共包含 8 个一级维度和 78 个指标。

六、模型验证

为了进一步考察测量量表的结构效度,使用验证性因素分析验证一级维度之间关系。研究首先使用 SPSS 25.0 软件对量表认证阶段获取的 503 份数据进行正态分布检验,结果显示,整体数据符合正态分布,排斥异常值。其次,对一级维度两两之间进行相关性分析,结果如表 8-11 所示。

表 8-11 一级维度指标之间的 Pearson 积差相关系数

		1	2	3	4	5	6	7	8
1. 机构支持	Pearson 相关性	1							
2. 教师支持	Pearson 相关性	.785**	1						
3. 技术支持	Pearson 相关性	.718**	.787**	1					
4. 学习内容	Pearson 相关性	.746**	.845**	.760**	1				
5. 学习方法	Pearson 相关性	.703**	.774**	.733**	.760**	1			
6. 学习评价	Pearson 相关性	.727**	.733**	.729**	.723**	.812**	1**		

续表

		1	2	3	4	5	6	7	8
7. 学习交互	Pearson 相关性	.689**	.716**	.730**	.652**	.721**	.712**	1	
8. 时空适应	Pearson 相关性	.554**	.593**	.644**	.526**	.595**	.648**	.677**	1

注：** 表示 p 在 0.01 水平(双侧)上显著相关。

从上述统计结果可知，八个维度之间的积差相关系数分布在 0.526—0.845 之间(显著性概率 p 值<0.01)，表明各个维度之间的相关性均达到比较显著的水平，各维度两两相关。

为了进一步考察测量量表的结构效度，综合各一级维度之间相关系数考虑，使用 Amos 23.0 软件分析八个一级维度之间的关系，结果如表 8-12 所示。

表 8-12　各维度关系标准化系数

			Estimate	S.E.	C.R.	P
学习内容	<---	技术支持	.779	.048	16.293	***
学习方法	<---	学习评价	.348	.028	12.241	***
学习方法	<---	学习内容	.408	.050	8.233	***
学习方法	<---	技术支持	.168	.032	5.225	***
教师支持	<---	机构支持	.890	.061	14.603	***
学习交互	<---	学习方法	.620	.066	9.348	***
学习交互	<---	教师支持	.197	.050	3.924	***
时空适应	<---	学习交互	.891	.101	8.837	***
时空适应	<---	教师支持	.185	.061	3.034	**
机构支持	<-->	技术支持	.590	.050	11.696	***
机构支持	<-->	学习评价	.629	.052	11.997	***
技术支持	<-->	学习评价	.655	.055	11.940	***

注：*** 表示 p 在 0.001 水平上显著，** 表示 p 在 0.01 水平上显著。

表 8-12 显示，(1)技术支持对学习内容、学习方法具有正向显著性影响；

(2)学习评价对学习方法具有正向显著性影响;(3)学习内容对学习方法具有正向显著性影响;(4)机构支持对教师支持具有正向显著性影响;(5)学习方法对学习交互具有正向显著性影响;(6)教师支持对学习交互具有正向显著性影响;(7)学习交互对时空适应具有正向显著性影响;(8)技术支持、机构支持、学习评价三者相互影响。

研究取卡方与自由度比(χ^2/df)、比较拟合指数(CFI)、非规准适配指数(TLI)、增值适配指数(IFI)、简约适配度指数(PCFI)、渐进残差均方和平方根(RMSEA)作为评价模型拟合程度标准,数据见表8-13。

表8-13 模型拟合参数统计表

检验指标	χ^2/df	CFI	IFI	TLI	PCFI	RMSEA
建议值	<3.0	>0.9	>0.9	>0.9	>0.5	<0.08
本模型	2.491	0.913	0.914	0.907	0.850	0.05

表8-13显示,结构方程的拟合参数χ^2/df、CFI、TLI、IFI、PCFI、RMSEA可认为达到了经验值,模型拟合度较好,理论模型具有较好的结构效度。

研究依据结构方程模型分析结果,构建了互联网时代老年大学学习环境结构模型,见图8-3,图示中单向箭头表示一方正向显著性影响另一方,双向箭头表示相互影响。

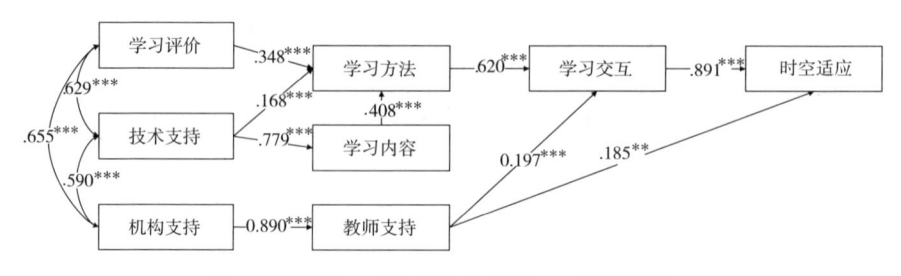

图8-3 互联网时代老年大学学习环境结构模型

第八章 互联网时代老年大学学习环境测量量表

根据图 8-3,反映出各要素之间的相互关系具有以下特点。

(一)机构支持、学习评价、技术支持三个要素之间相互影响

从结构模型路径关系来看,机构支持、技术支持和学习评价三个要素彼此是双向箭头,从路径系数来看,分别是 0.590、0.655、0.629,均大于 0.5,说明这三个要素是老年大学学习环境中相互影响的要素。机构支持、学习评价和技术支持分别对学习方法、学习内容、教师支持等要素产生不同的影响,可以将这三个要素看作是自变量要素,理解为在互联网时代老年大学学习环境中处于基础层次。互联网时代老年大学学习环境中,机构支持在办学理念、办学目标上体现出积极老龄化特征,在物理空间的建设上体现无障碍性,信息技术支撑下使得互联网成为老年大学学习的另一个场景,无障碍性也需要进一步延伸到互联网环境中,包括网络学习平台的使用、网页链接及文字大小等。

技术支持是互联网时代老年大学学习环境中的重要因素。基于网络的老年大学学习场景不仅是新冠肺炎疫情期间的替代,更应该提升到全局发展的重要位置,技术支持影响老年大学的机构支持和学习评价,同时对学习内容也产生直接的正向显著性影响,对学习交互及灵活性产生间接的正向显著性影响。

互联网时代老年大学学习环境中学习评价是极容易忽视的,老年大学需要确定成效为本的教育评价观念,关注老年终身学习的成效,评价老年学习者个体的增值与能力发展状况,将教育性置于娱乐性之上,而非娱乐性高于教育性。

(二)时空适应要素综合地受到其他七个因素影响

从模型路径结构来看,在学习评价对时空适应的影响中,学习方法和学习交互发挥中介作用;在技术支持对灵活性的影响中,学习内容、学习发展、学习

交互发挥中介作用;在机构支持对时空适应的影响中,教师支持、学习交互发挥中介作用,可以将时空适应这个要素看作是因变量要素,在老年大学学习环境中,时空适应要素综合地受到其他七个要素的影响,可以理解为老年大学学习环境的建设终点指向灵活性。

(三)学习内容在技术支持对学习方法的影响中发挥中介作用

从模型路径结构来看,技术支持既可以对学习方法产生直接显著正向影响,也可以通过学习内容这一中介变量对学习方法产生间接正向影响。互联网时代,技术支持提供了必要的软硬件设备,网络学习场景蕴含着丰富的学习资源,能够支撑老年学习者开展自主学习,灵活安排学习时间、地点和进度,此外信息技术使得沟通与交流更加灵活和便捷,能够支撑老年学习者之间的合作学习和联通学习。老年大学要结合学习内容的特殊性,发挥信息技术的优势,为老年学习者提供合适的学习方法,以促进成效的达成。

(四)学习交互在教师支持对灵活性的影响中发挥中介作用

从模型路径结构来看,教师支持既可以对灵活性产生直接显著正向影响,也可以通过学习交互这一中介变量对时空适应产生间接正向影响,老年大学的学习环境中,要充分利用教师的专业知识、专业能力及教学策略,转化为促进老年学习者与同伴、社区的互动,通过组织多样化的线上和线下的学习活动,使得老年群体能够参与其中,有更多的机会表达、展示自我,服务社区,转化为积极行动的力量,增强人生价值的实现。

七、在线测量平台的设计与开发

为了更好地收集数据,方便不同老年大学使用,研究设计开发了"互联网时代老年大学学习环境网上测量量表",量表分为六个部分:第一部分为介绍,第二部分为版权同意书(见图8-4),第三部分为基本信息,第四部分为量表主体部分,第五部分为测量结果,第六部分为常模更新(网址为http://59.64.36.157:8081/rps_Web/views/index)。

网上量表的开发采用B/S架构,使用JS、Java、CSS等语言进行开发,运用Jquery、Spring MVC、Require JS三种基础框架,后台数据库选用MySQL 5.7作为项目的数据存储,项目服务部署采用Tomcat服务器。

后台数据库便于后期对数据的整理、分析和比较。通过后台管理能够收集数据,动态更新常模。

图8-4 在线测量平台界面

第二节 互联网时代老年大学学习环境测量量表应用

经过三轮测试后,形成"互联网时代老年大学学习环境测量量表"(University of Third Age Learning Environment Scale, U3A-LES)的维度和指标,正式量表由8个维度78个指标组成,各个维度的指标数量在7—14个不等。

一、测量量表的维度和含义

研究形成互联网时代老年大学学习环境测量量表,确定了 8 个维度 78 个指标,结合每个维度下指标的内容,进一步描述量表各个维度的含义,详细内容见表 8-14。

表 8-14 互联网时代老年大学学习环境测量量表的维度和含义

维度名称	含义
机构支持	学校坚持社会主义核心价值观,贯彻积极老龄化教育理念,以学习者为中心;为学习者提供课程选择、教务等全面的咨询与指导;提供老年学习无障碍的物理空间和网络学习空间
教师支持	教师具备良好的授课内容专业知识,了解学习者的学习与职业经历,具有教学设计和教学实施的能力,关注老年学习者的情感需求,使用多种策略促进老年学习者持续学习,提供合适的学习材料资源,支持学习者自主和个性化学习,定期组织线下学习活动
技术支持	提供机房及计算机设备、移动终端设备供学习者使用,提供网络学习平台及个性化学习资源,支持学习者开展实时或非实时的在线交流,及时解决技术问题,提供常见工具使用的培训或指导,支持学习中找到自己的学习同伴并建立联系
学习内容	学习内容覆盖面广,具有较高的科学性和准确性,能及时更新,能满足学习者提高生活质量的需求,学习内容与学习目标具有一致性,突出模块化和系统性,提供形式多样的在线学习资源,如音频、视频、文本等
学习方法	指导学习者规划学习进度,合理安排学习时间,设计小组学习任务开展协作学习,提供小组合作学习的相关资源及工具,监测小组学习过程,为学习者推荐背景、兴趣爱好、经历相似的同伴,鼓励学习者根据自己的专长为同伴提供学习资源或学业辅导,鼓励学习者分享课内或课外的学习经验
学习评价	坚持促进学习者反思和学习改进的评价理念,学习评价围绕学习目标,与学习活动紧密结合,提供形成性评价和终结性评价相结合的评价方式,鼓励教师评价和同伴评价相结合,提供自评、教师评价、同伴互评等多种评价的工具和资源,能够采用多元方式对小组合作表现进行评价,评价内容符合学习者的特征,关注学习资源的使用情况、关注教学互动的程度及学习活动的参与度
学习交互	学习者能够免费参加社区组织的活动,鼓励学习者校外结对学习,鼓励学习者建立或者参与社区学习圈,鼓励学习者参与社区管理与志愿服务,为学习者提供教师、同伴的联系方式,组织形式多样的线下学习活动,如作品展示、集中汇报等

续表

维度名称	含义
时空适应	学习者可以选择提前预约上课时间、预约考试考核时间,自主安排校外学习时间,自主选择适宜的学习环境(如学校、家庭、社区、图书馆),选择线下课堂为主或线上学习为主的学习方式,选择学历教育或非学历教育,支持学习者的过往经历得到学分互认

二、测量量表信度、效度及常模

为了保证样本能更大程度上代表总体,结合量表认证阶段的503条数据,共2426条研究数据,确定量表的克隆巴赫Alpha系数为0.988,折半信度系数为0.935,各个维度的克隆巴赫Alpha系数在0.887—0.970之间,折半信度系数在0.815—0.959之间,具体见表8-15。

表8-15 量表信度系数

内容维度	题目数	克隆巴赫Alpha系数	折半信度系数
机构支持	14	0.970	0.924
教师支持	10	0.940	0.913
技术支持	11	0.963	0.949
学习内容	7	0.944	0.907
学习方法	9	0.970	0.938
学习评价	11	0.983	0.959
学习交互	6	0.910	0.887
时空适应	10	0.887	0.815

为了考察参与测量的老年大学在总体成员中的相对位置,从而判断其各维度情况及所在等级的参照,研究需要确定老年大学学习环境测量量表的常模。研究由2426条研究数据来确定常模,数据来自北京市、南通市、合肥市、成都市,共10所老年学校的284个班级,其中教育行政部门主管的老年大学

8所,老年开放大学2所,涵盖了研究对象中确定的两类老年大学,10所老年大学分别位于东部、中部和西部不同省份,既有处于社会经济水平相对发达地区,也有处于社会发展相对薄弱的地区,既有省会城市,也有二线城市,基本能覆盖老年大学目前开设的课程班级,数据具有一定的代表性。研究确定了每个一级维度的标准化均值,将其作为当前阶段的测量量表的常模,见表8-16。

表8-16 互联网时代老年大学学习环境测量量表常模

维度	平均数	标准差
机构支持	4.07	1.113
教师支持	4.07	1.103
技术支持	3.85	1.104
学习内容	4.09	1.122
学习方法	3.76	1.103
学习评价	3.65	1.143
学习交互	3.79	1.152
时空适应	3.46	1.129

常模可以提供给参与测量的老年大学管理者、教师等作为参考,通过比较老年大学学习环境在各个维度上的差别,反映出老年大学学习环境的优势与劣势,研究基于自主开发的在线测量平台,收集第一手数据,积累每次参加测量的老年大学数据,不断扩大样本数量,逐渐贴近样本总体,动态更新常模。

三、各维度之间相互关系分析

基于所回收的数据,对各个一级维度指标之间的相关关系进行统计分析,结果见表8-17。

表 8-17 一级维度指标之间的 Pearson 积差相关系数

		1	2	3	4	5	6	7	8
1. 机构支持	Pearson 相关性	1							
2. 教师支持	Pearson 相关性	.813**	1						
3. 技术支持	Pearson 相关性	.735**	.783**	1					
4. 学习内容	Pearson 相关性	.788**	.841**	.749**	1				
5. 学习方法	Pearson 相关性	.759**	.799**	.745**	.769**	1			
6. 学习评价	Pearson 相关性	.765**	.740**	.723**	.729**	.848**	1		
7. 学习交互	Pearson 相关性	.675**	.716**	.717**	.654**	.725**	.698**	1	
8. 时空适应	Pearson 相关性	.564**	.601**	.637**	.547**	.621**	.642**	.696**	1

注:N=503,** 表示 p 在 0.01 水平(双侧)上显著相关。

从上述统计结果可知,这 8 个维度之间的积差相关系数分布在 0.564—0.848 之间(显著性概率 p 值<0.01),表明各个维度之间的相关性均达到比较显著的水平,各维度两两相关。

研究根据各个要素的相关系数,构建了相关系数矩阵热图,见图 8-5。

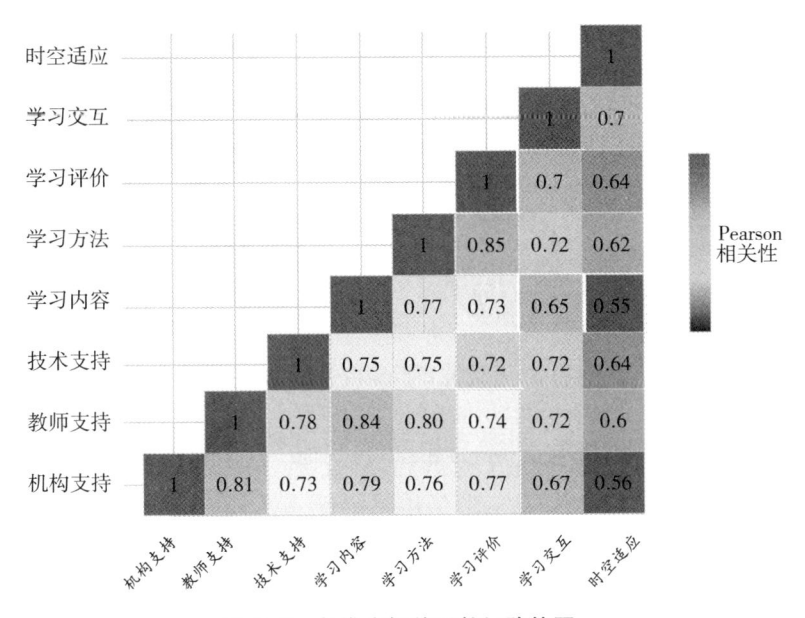

图 8-5 各维度相关系数矩阵热图

从相关系数看,8个要素之间的相关性系数都大于0.5,表明8个维度之间密切相关,其中学习评价与学习方法要素之间的相关性系数最高,为0.85,意味着学习评价与学习方法之间的关系最为紧密;其次是教师支持与学习内容,相关系数为0.84;再次是机构支持与教师支持,相关系数为0.81。综合来看,时空适应与其他各要素之间的相关性系数较低。

根据相关系数,构建了学习环境各要素的相关系数层次图,见图8-6至图8-13。

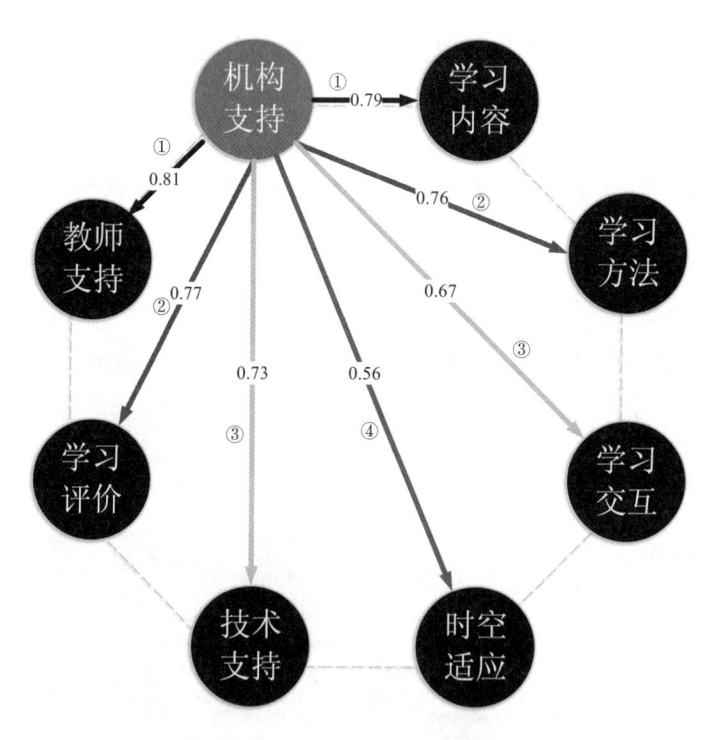

图8-6 机构支持要素相关系数层次图

图8-6显示,以"机构支持"为起点,与其他7个要素形成八边形结构,具体位置结构关系分为四类:第一类是相邻位置,第二类是最短对角线位置,第三类是次对角线位置,第四类是轴对角线位置。研究依据"机构支持"与其他要素之间相关性系数的大小,确定了7个要素的位置,"教师支持"、"学习内

容"是与"机构支持"要素相关性系数最高的两个要素,离"机构支持"最近,处于相邻位置;"学习评价"、"学习方法"与"机构支持"相关系数较高,处于最短对角线位置;"技术支持"与"学习交互"处于次对角线位置;"时空适应"与"机构支持"相关性系数最低,处于轴对角线位置,离"机构支持"最远。

不同的位置也反映了各要素与"机构支持"的路径长短,从第一层到第四层,路径逐渐变长,各个要素相关系数的层次图有利于帮助老年大学在进行学习环境测量诊断发现自身最佳要素,以最佳要素为出发点,根据从①到④的顺序,整合人力、物力和财力资源,对实践进行改善。当一所老年大学通过学习环境测量后,"机构支持"维度实践情况与测量量表的一致性最佳,在既有基础上,可以综合考虑优先发展师资队伍建设和学习内容建设;其次是完善学习评价体系,探索成效为本的教学评价改革,创新学习方法,推进联通学习;再次是推进信息技术在教学中的应用,增进老年大学社区的互动,提升老年学习者

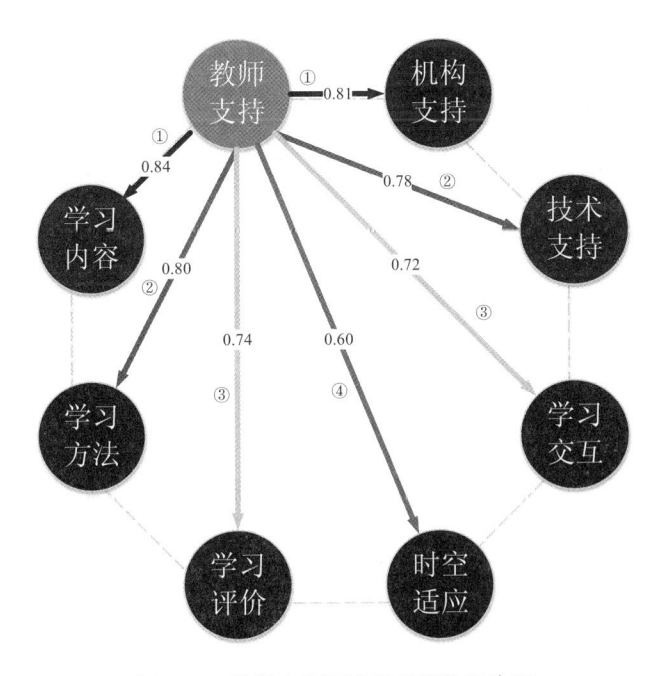

图 8-7 教师支持要素相关系数层次图

社会参与和人际互动;最后是改革教学或管理过程,实现时间、地点和机制的灵活,满足老年学习者多样化学习需求。研究构建的各要素相关系数层次图,可以作为量表使用的参考,需要以老年大学自身的定位及优势为基础。

当一所老年大学通过学习环境测量后,"教师支持"维度实践情况与测量量表的一致性最佳,可以参考从①到④的顺序,优先改善学习内容,提升机构支持,其次考虑创新学习方法,完善技术支持,再次改善学习评价与学习交互,最后提高时空适应(见图8-7)。

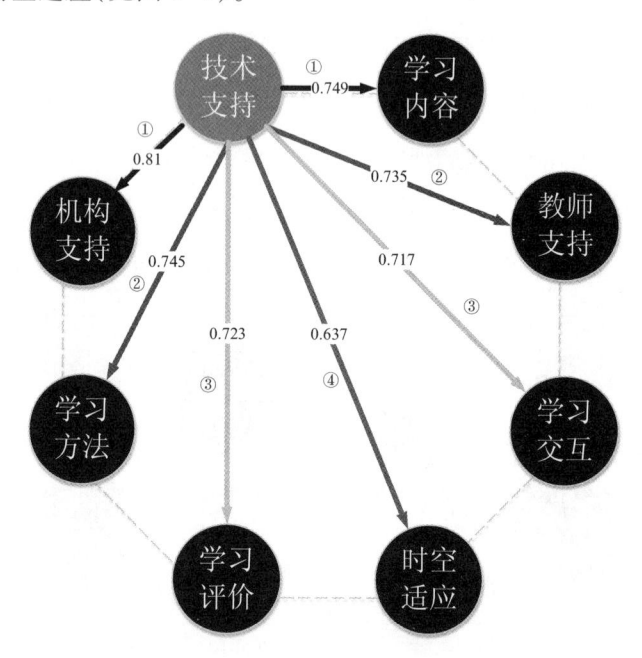

图 8-8 技术支持要素相关系数层次图

当老年大学在技术支持维度最优时,可以优先考虑改善机构支持和学习内容,其次考虑改善学习方法与教师支持,再次改善学习评价与学习交互,最后提高时空适应(见图8-8)。

当老年大学在学习方法维度最优时,可以优先考虑改善教师支持与学习评价,其次考虑改善学习内容与机构支持,再次改善技术支持与学习交互,最后提高时空适应(见图8-9)。

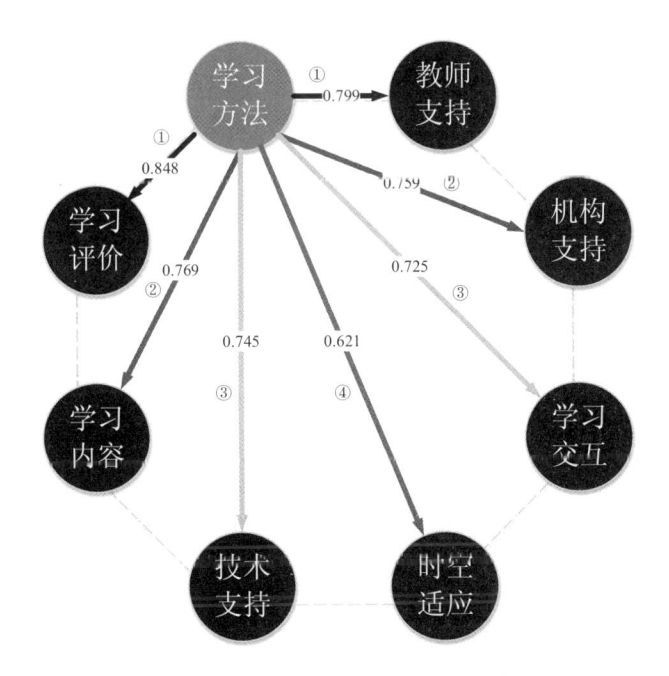

图 8-9　学习方法要素相关系数层次图

当老年大学在学习内容维度最优时,可以优先考虑改善教师支持和机构支持,其次考虑改善学习方法与技术支持,再次改善学习评价与学习交互,最后提高时空适应(见图 8-10)。

当老年大学在学习评价维度最优时,可以优先考虑改善学习方法和机构支持,其次考虑改善教师支持和学习内容,再次改善技术支持与学习交互,最后提高时空适应(见图 8-11)。

当老年大学在学习交互维度最优时,可以优先考虑改善学习方法和技术支持,其次考虑改善教师支持与学习评价,再次改善时空适应与机构支持,最后提高学习内容(见图 8-12)。

当老年大学在时空适应维度最优时,可以优先考虑改善学习交互和学习评价,其次考虑改善技术支持与学习方法,再次改善教师支持与机构支持,最后改善学习内容(见图 8-13)。

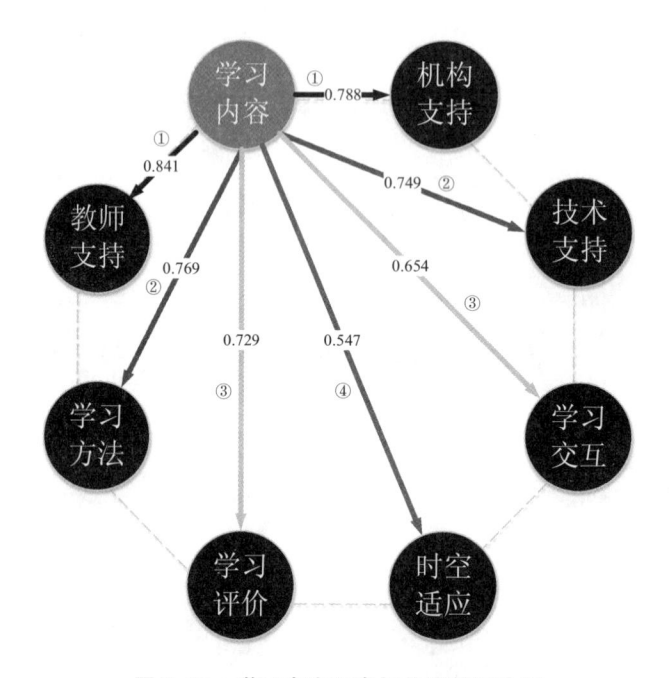

图 8-10　学习内容要素相关系数层次图

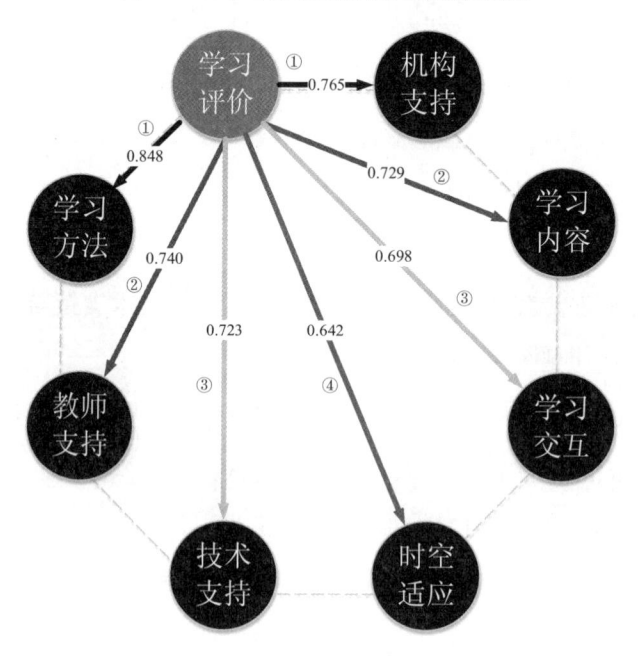

图 8-11　学习评价要素相关系数层次图

148

第八章 互联网时代老年大学学习环境测量量表

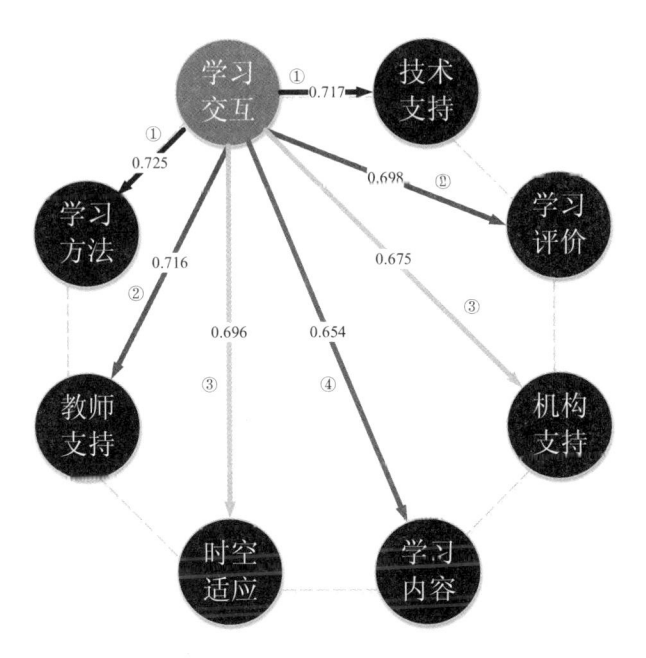

图 8-12 学习交互要素相关系数层次图

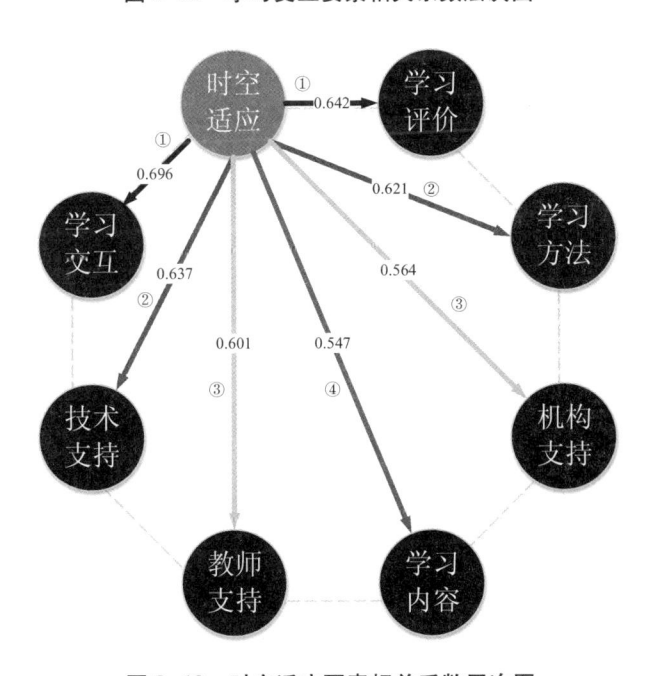

图 8-13 时空适应要素相关系数层次图

149

第三节　互联网时代老年大学学习环境测量量表评价

为进一步了解老年大学学员对量表使用情况的态度,探究老年大学的管理者、老年大学的授课教师对量表使用的评价,综合了解不同利益者对老年大学学习环境发展的意见,在参与老年大学学习环境测量的老年学员中,根据目的性和方便性原则,选择18名老年大学学员;在参加测量的老年大学中,根据目的性和方便性原则,选择7名老年大学管理人员以及9名老年大学的授课教师开展访谈,从不同视角了解对量表应用的评价。

访谈采用半结构化访谈的形式,在访谈前期制定了访谈提纲,邀请了3位老年教育研究的专家对访谈提纲进行内容效度论证,访谈提纲主要包括两部分内容:第一部分是量表本身,包括题目数量、题目表述及指标内容;第二部分是老年大学学习环境测量量表已经形成的各个维度的情况。

研究基于访谈提纲,采用一对一电话访谈的形式,平均每个人的访谈时间约为30分钟。参加访谈的老年大学学习者基本情况见表8-18。

表8-18　受访的老年学习者基本情况

编号	性别	学习期限	当前学习的课程	访谈日期
X-01	女	半年	绘画	2021.01.12
X-02	女	约1.5年	书法	2021.01.12
X-03	女	约2年	文学	2021.01.12
X-04	女	约1年	绘画	2021.01.12
X-05	男	3年	书法	2021.01.12
X-06	男	半年	摄影	2021.01.15
X-07	男	5个月	书法	2021.01.15
X-08	女	半年	摄影	2021.01.17
X-09	女	3个月	手工课(插花、泥塑等)	2021.01.17

续表

编号	性别	学习期限	当前学习的课程	访谈日期
X-10	女	约半年	合唱	2021.01.17
X-11	女	约半年	Photoshop	2021.01.17
X-12	女	1年	摄影	2021.01.18
X-13	女	约1.5年	摄影	2021.01.20
X-14	男	大半年	绘画	2021.01.20
X-15	女	5个月	书法	2021.01.24
X-16	女	约半年	文学	2021.01.24
X-17	女	6个月	摄影	2021.01.25
X-18	女	1年多	书法	2021.01.25

参加访谈的老年大学管理者基本情况见表8-19。

表8-19 受访的管理者基本情况

编号	性别	职务	访谈日期	访谈时间
G-01	男	副校长	2021.01.16	10:42A.M.—11:25A.M.
G-02	男	副主任	2021.01.16	2:20P.M.—2:53P.M.
G-03	女	副主任	2021.01.18	11:13A.M.—11:36A.M.
G-04	女	科长	2021.01.19	8:33A.M. 9:08A.M.
G-05	男	副校长	2021.01.19	10:09A.M.—10:42A.M.
G-06	女	科长	2021.01.19	3:22P.M.—3:58P.M.
G-07	女	副主任	2021.01.23	9:13A.M.—9:44A.M.

参加访谈的老年大学教师基本情况见表8-20。

表8-20 受访的教师基本情况

编号	性别	授课内容	授课年限	专职/兼职	访谈日期
J-01	男	行书、楷书等	>5年	兼职	2021.01.20
J-02	男	摄影	3.5年	兼职	2021.01.20

续表

编号	性别	授课内容	授课年限	专职/兼职	访谈日期
J-03	女	普通话	1.5年	兼职	2021.01.21
J-04	女	中医	2年	兼职	2021.01.21
J-05	男	书画	约3年	兼职	2021.01.21
J-06	女	文学	2年	兼职	2021.01.21
J-07	女	舞蹈	8年	兼职	2021.01.23
J-08	男	摄影	3年	兼职	2021.01.24
J-09	男	书法	5年	兼职	2021.01.24

访谈结束后,及时将访谈录音进行整理,形成访谈的文本材料,对文本材料的分析主要采用了批评话语分析的策略,挖掘语篇、语句表征的意义,分析说话者有什么样的身份,是从什么角度来看,有何种价值取向,想表达的是什么意思,揭示出背后隐藏的社会关系、交往行为、态度意愿等,进而加深对老年大学学习环境的认知。

一、管理者视角下老年大学学习环境

通过访谈折射出管理者视角下的老年大学学习环境的特点有以下几方面:

(一)量表能够综合反映出老年大学学习环境是未来建设方向

围绕老年大学学习环境测量量表的8个维度,询问不同管理者对量表维度的理解,管理者表示量表能较全面地涉及老年大学学习环境的不同方面,是未来老年大学学习环境建设和改善的方向。

"你们这个做得很全面,有些点我们现在还有较大距离,目前正在朝着各个方向努力。我们老年大学以前是民政部门管理的,从去年开始划归教育部门管理,既然划归教育部门管理,就会按照教育大的原则来管

理,各方面规范很多。"(G01)

"这个量表还是能反映出老年大学未来发展方向的。"(G05)

当问及管理者,自己所在的老年大学哪些方面做得比较好,还有哪些是不足的,管理者就打开了"话匣子",从机构支持谈起,明显使用的褒义词较多,以突出目前"我们学校做了什么",落脚点主要是基础设施方面。

"我们前段时间投入了50多万元,用于老年大学的设施设备的改造,提升我们的办学水平和能力。"(G01)

"我们学校规划准备建一个老年大学成果展示厅,各种好的作品集中展示,对学生的学习也是一种激励。"(G03)

(二)管理者了解积极老龄化理念,但实践办学目标滞后

管理者会提及积极老龄化的理念,不同的管理者在办学理念方面甚至会突出"积极老龄化理念"这一词汇,似乎是当前老年教育领域的"时髦话语",例如"你知道的,现在都是谈积极老龄化"(G02)、"积极老龄化肯定跟过去不一样"(G04)、"我们响应×市政府关于积极老龄化的号召,学习了很多文件精神"(G05)。

管理者的话语表述中虽然提及了"积极老龄化",但是当问及能否保障来报名的老年人都能报上,是否考虑让老年学习者参与学校的管理,是否会为老年人提供一些机会让老年人自己主讲一些内容,或者鼓励老年学习者开办创业工作室服务社会等,回答都是否定的,反映出老年大学在举措方面响应"积极应对老龄化"的号召,但是实践中尚未真正将积极老龄化落地,可能是对于积极老龄化本身的内涵了解不深,积极应对老龄化社会不等于积极老龄化。

(三)学校指导教师关注老年人学习特点,但促进教师职业能力发展存在不足

管理者的访谈没有谈论教师本身,更多的是谈及对教师的指导,包括转变

教学观念、改进教学计划、提升教学能力等，凸显出老年大学的管理者注意到老年教育师资队伍的建设，但是当问及管理者对老年大学的教师是否有系统化的培训时，管理者基本回避了此话题。对于教师在实践中采用的教学策略或方法，管理者并没有过多谈及。

"我们要求老师按照老年人的特点来设置课程进度。"（G01）

"现在面对的是老年人，教师的教学计划肯定不能按照三四十岁年轻人的来，这方面需要提醒老师制订合理的教学计划。"（G07）

（四）意识到信息技术与老年教育融合的必要性，但整体仍处于起步阶段

通过访谈中管理者对现实举措和未来规划两方面的总结发现，老年大学的管理者已经充分意识到信息技术对老年学习的重要支撑作用，尤其是在新冠肺炎疫情期间，信息技术对于维持老年大学的运作发挥了重要作用，但是老年大学的学习环境仍处于刚刚起步阶段。

"我们现在加大力度，包括购买了录播设备、电子白板，这些之前都没有，我们打算开始建造资源。"（G05）

"后面我们准备建立老年大学信息化系统，通过刷脸的方式进入学校，记录学习时间。"（G01）

"疫情状况下，现在我们采取的教育教学方式是线上和线下，灵活地应对了外部的环境变化，这种调整也是很快的。"（G06）

"我们也开通了网络学习平台，但是目前资源还有限，主要是购买了一些课程。"（G03）

（五）关注老年学习特点，努力满足老年人对学习灵活性的需要

在管理者的访谈中，会不经意表达出老年大学学习环境体现的灵活性，研究者假设这可能是管理者认为灵活性能更好地体现自己所在的老年大学的人

文关怀,考虑到老年学习者生理和心理的特殊性,也是体现老年大学存在优势之处,会说得更多一些。

"我们的课程一般都设置在上午,下午让老年人自己可以复习复习,更不会安排在晚上,考虑到出行不安全。"(G06)

"现在老年学员挑老师也挑得很厉害,有的团里指导老师水平很差,我们尽量让学员自己选择老师。"(G02)

二、教师视角下老年大学学习环境

围绕访谈提纲开始访谈,教师对老年人的学习内容、方法、评价方面谈论较多,对于机构支持方面谈论得较少,通过访谈发现老年大学教师的话语逻辑具有的基本特点是:先分析老年学习的问题,然后结合自身经历展开,详细说明自己的做法。

(一)量表本身术语需要进一步通俗化

老年大学的教师对量表本身的评价突出强调要对量表术语通俗化,需要进一步修改,使得老年人能够更好地理解。

"有些表述我觉得老年人不太懂,正式用的时候最好有个老师在旁边负责解释。"(J03)

"我们学校主要是老年课程班,还有一些培训,有些指标不适用我们。"(J04)

"你们这个做得是很好,但是可能有些离我们还比较远。"(J06)

(二)线下的教学与服务工作还有进一步提升空间

尽管在测量量表中体现了较多关于在线学习的情况,在新冠肺炎疫情期间,线上教学发挥了很多作用,但通过对教师访谈,发现教师更多是陈述线下的教学与服务,也有一些教师结合自身经历指出线下教学和服务还存在不足,希望老年大学能完善线下的教学与服务。

"老年人还是喜欢在学校里这种老师面对面的授课,有问题可以直接问老师,手机、计算机他们年纪大了用得不太熟练。"(J05)

"没有办法实现给老年人预约上课,需要老师、教室多方协同,目前还不现实。"(J07)

(三)关注老年人自我展示的学习动机并提供支撑

在已有的一些研究中,我们了解到老年学习者的学习动机主要有兴趣爱好、提高生命质量、社会交往、教育后辈等,但是通过此次访谈,不同的教师表达出老年学习者还有一个重要的学习动机,就是"展示自我",围绕让老年学习者增强学习信心、更好地展示自我,一些教师提及了所在老年大学的做法,反映在学习内容维度和学习评价的维度。

"我们开设的一些手工课,一些老年人能很快地掌握技能并做出一个成品,他们在自己的朋友或者后辈面前很有面子。"(J01)

"我们会经常组织一些摄影展,出一些展板之类的,老年人看到自己的摄影作品被展出了,就非常有成就感。"(J08)

"评价会更多偏正向一些,老年人也很要面子,也不敢要求太高。"(J02)

虽然老年学习者"自我展示"的学习动机具有较强的功利性,但是不可否认,这可能与中国的社会文化环境有关,很多人从年轻上学时就处于与他人的比较中,注重成绩和外在的评价,这种文化也延伸到了老年大学的学习中。

三、老年学习者视角下老年大学学习环境

18名老年大学的学习者来自6所不同的老年大学,老年学习者认为老年大学学习环境测量量表及应用有以下特点:

（一）学校整体提供了较完善的支持，但相关制度有待完善

老年大学学习者对老年大学在机构支持方面都表达出很满意的态度，例如：

"我们真是有幸生活在新时代，这个时代要提高全民素质，学校提供的环境太好了。"（X02）

"学校各方面都挺好的，我在这边学习精神状态好了，病少了，这样对整个社会也是有益的，我们现在门诊医药费报销百分之九十，我们病少了，国家的医疗支出就少了。"（X06）

但是老年大学学习者并没有在细节处，如围绕办学理念、办学目标展开陈述，研究者反思可能对于老年学习者来说办学理念、办学目标等过于学术化。在访谈的最后，老年大学的学习者也会表达出他们对于机构支持层面的一些想法和期待。

"学校有年龄限制，要求八十岁以下，我今年七十九，不知道还让不让学了，不要给学校添麻烦。"（X08）

"一些人看不收费会起哄来报名，报上之后又不来学习，我觉得应该学校低收费，保障我们这些喜欢坚持上课的人有课上。而且一个班人不能太多，一个大教室几百人的课没法听，尤其是书法类的课程。"（X05）

（二）对教师支持整体评价较高

询问老年学习者关于老年大学的教师在专业知识、专业能力和教学方法与策略方面有哪些好的地方或不好的地方，得到的反馈主要是积极的形容词较多，如"特别好""特别有耐心""非常感谢"等，整体而言对教师支持评价较高。

"我上的文学课，以前不了解红楼梦，上了文学课后对红楼梦、西厢记、聊斋都有了很深刻的了解，文学课的老师讲得特别好，非常感谢这个

老师。"(X12)

"老师来教我们真是屈才了。"(X07)

"咱们学校的老师都是年轻老师,态度特别好,不厌其烦、一次又一次地告诉你,特别好。"(X15)

(三)接受信息技术支撑的学习环境

对教师的访谈大部分教师表达的观点是老年学习者更喜欢线下的面授课,他们使用电子设备存在一些困难,但通过对老年学习者的访谈,得到一些相反的观点,老年学习者自身愿意通过信息技术来学习,无论是对信息技术的价值认识、使用意向的表达,都是正向积极的,也并没有表达出对技术使用的畏难情绪。

"每次上完课后,会有很热心的同学把课程录成视频,之后发到微信群里,大家交流学习很方便。"(X04)

"大家有了新的绘画作品会在微信里展示、交流。"(X010)

"上书法、绘画课,课上不可能掌握得特别好,比如今天学的是玉兰花,回家后就搜索'国画玉兰花视频',选一个是谁讲的,选一个喜欢的看。"(X07)

分析可能的原因是老年大学的教师主要为兼职教师,尽管他们具有一定的工作经验,但缺乏对老年人学习规律的深层认知,思维停留在老年人排斥信息技术,认为老年人具有信息技术使用鸿沟等困难。

(四)学习内容方面有改善的空间

不同老年大学开设的课程不一样,不同的老年人在学习内容是否满足自己需求上表达了自己的想法。

"我一直想去学瑜伽,但是社会上那种教瑜伽的不适合老年人,我办了卡,但是没有去学习。一是因为都是年轻人,二是你的柔韧度不够,跟不上,我特别希望你们把我的要求反映上去。"(X18)

"我觉得老年人学外语用处不大,学画画特别好,吃完饭后可以画两笔,有事情做。"(X14)

"我觉得整体都很好,就是课程门类太少,想学的课程没有,我还特别喜欢想学烘焙课,但是没有,这个我希望你重点记上。"(X09)

(五)乐意与社会联通,参与代际学习

通过访谈发现,老年学习者愿意尝试合作学习、小组学习之类的活动,而这些活动更多是自发的,老年大学组织的不足,此外,他们也愿意与年轻人,或者社区其他人一起混龄学习。

"网上学习或者去社区学校学习,我都喜欢,我还喜欢跟年轻人一起学习,只要人家不嫌弃我们啊,上课的老师年轻与否无所谓。"(X12)

(六)社会参与和贡献的积极性取决于老年个体自身

有访谈者表示,老年大学并没有太多组织服务社区的活动,老年学习者如果想践行积极老龄化,实现外向性发展如社会参与、社会贡献等,取决于个人,个人要树立起社会参与、社会贡献的意识。

"学校这边组织得很少,但是因为我退休前是医生,退休后医院欢迎我每月回医院和同事交流,我本人也很乐意回单位交流。"(X01)

"到敬老院给孤寡老人送温暖,以唱歌、演节目的形式。我们这个年纪跟敬老院的老人很容易交流,我们跟他们的交流给他们带来的温暖,是年轻人所做不到的,我觉得这个事情体现的是党的温暖。"(X07)

四、结论

通过对管理者、教师及老年学员的访谈,综合评价量表本身及量表的使用情况,综合讨论如下。

(一)管理者:量表指标对老年大学未来学习环境的改进和发展具有重要的应用和参考价值

虽然管理者、教师和老年大学学员的视角不同,但是综合来看,对开发的"互联网时代老年大学学习环境测量量表"持认可态度,老年大学的管理者表示"量表能反映出老年大学未来发展方向",表达出"你们这个做得很好",表明了管理者对量表内容和指标的认可。各个维度和指标能够立足现实,面向未来发展,既体现对当前实践情况的评估,也能指引老年大学未来的发展,尤其是在信息技术支撑的物质空间建设,如何加强老年大学社会空间和精神空间建设方面提供参考依据。

(二)教师:量表能为当前老年大学学习环境进行诊断并提出改进策略

一些教师在访谈中提出"有些指标不太适用我们""有些指标离我们还比较远"等,说明当前实践现状与量表指标相比存在一定差距,这样的差距或者顾虑是可以理解的,因此老年大学的实践处于不同的发展阶段,有不同的体制机制、发展目标及办学形式,无法用同一把尺子去衡量,研究构建的互联网时代老年大学学习环境量表需要发挥诊断作用,而不是评价作用,是通过与各个维度的常模进行比较,使得老年大学能够了解到自身在各个维度的优势和不足,尊重老年大学的差异化发展,对于一些老年大学优势的维度或典型的做法,将来可以形成案例集,供老年大学之间相互学习和借鉴,并不通过测量对老年大学进行排名。

(三)老年学习者:通过测量对改进老年大学学习环境能起到重要的作用

老年学习者对老年大学学习环境整体较满意,老年学习者提到了关于教师、信息技术、学习内容、社会参与方面的内容,反映出当前的现状及问题。教师与老年学习者之间对于信息技术的态度持对立意见,尽管访谈的老年学员并不能完全代表总体,但折射出老年学员对信息技术的态度是开放和接受的,他们并不排斥在线教育,体会到信息技术带来的灵活、便捷等优势,然而老年大学的教师则表达出老年学习者对信息技术持否定的态度,提出要更好地完善线下教学与服务,二者观点对立,体现出老年大学的教师缺乏对老年学习者想法的深入了解,对老年学习者学习规律的深层认识不足,教学思维陈旧。通过测量能够启示老年大学的管理者、教师对老年大学的教与学进行改善。

(四)疫情防控让老年大学的各个利益群体感受到在线学习的优势和重要性

疫情防控的特殊状况加深了管理者、教师及老年学员对在线学习的思考和接受程度,一些老年大学一直处于未开学状态,而一些老年大学已经开始探索在线教学的方法,由被动地接受在线教育,转向积极地拥抱在线教育,在新冠肺炎疫情稳定后逐步推进线上和线下相结合的混合式教学。具体举措包括:加大资金投入力度建设校园硬件设施,除了构建基本设备以外,还包括建设数字化学习平台,购买一些在线课程。整体来说,老年大学还处于初步发展阶段,量表在技术支持、学习方法方面的指标,能够为老年大学开展混合式教学提供参考。

小　结

本书开发的"互联网时代老年大学学习环境测量量表",是老年大学学习环境的自我评价工具,可用于教育行政部门主管的老年大学、老年开放大学进行学习环境测量。量表分为导语和题目两个部分,导语包括老年大学学习环境概念说明,题目部分包括 8 个测量维度 78 个测量指标。基于量表研究的范式,包含从量表开发、量表应用到量表应用评价,形成闭环,并撰写了"互联网时代老年大学学习环境测量量表使用指南"(见附件),为实践使用该量表提供参考,量表开发具有以下特点。

一、量表开发过程规范,保证信度和效度

研究基于社会空间理论、老年友好城市理论、联通主义理论及成效为本教育理论构建测量指标,包含量表开发、量表应用以及量表应用评价,形成了互联网时代老年大学学习环境测量量表,该量表是诊断性工具,区别于我国以往关于示范性老年大学的评价,或者老年大学办学质量的评价,体现了客观性、科学性、整体性,能够为老年大学的整体学习环境建设提供参考框架。

量表具有较高的信度,量表的克隆巴赫 Alpha 系数为 0.988,折半信度系数为 0.935,各个维度的克隆巴赫 Alpha 系数在 0.887—0.970 之间,折半信度系数在 0.815—0.959 之间,表明量表具有较高的效度。

量表通过理论建构与实践建构的并置、两轮专家论证,保证了量表的内容效度。其次量表通过"前导测试—测量—再测量"三次测量,三次测量分别选择的是不同的数据源,通过探索性因素验证构建了互联网时代老年大学学习环境结构模型,模型拟合度为 0.890,接近模型的参照值 0.9,表明量表具有一定的结构效度。

二、量表结构模型的讨论

第一,互联网时代老年大学学习环境的八个要素之间关系密切,增强了理论模型的解释力。在结构模型中,机构支持、技术支持和学习评价处于基础层次,学习内容、学习方法、学习交互、教师支持发挥中介作用,共同影响时空适应要素,结构模型增强了研究构建的互联网时代老年大学学习环境的理论模

型的解释力。要素之间的结构模型关系否定了理论假设中学习内容、学习方法及学习评价是老年学习成效影响的基本因素,但研究也发现学习评价是老年大学学习环境中至关重要的核心要素,而学习评价是被老年大学实践忽视的维度,老年大学未来发展亟待重视学习评价。

通常我们理解技术支持是提供网络学习环境,包括网络学习平台、网络学习管理系统、推荐相关技术软件及辅助学习工具等,对机构支持要素产生重要影响。在本研究中还发现技术支持在整个结构模型中处于基础层次,显著性地影响老年大学学习内容,一方面基于信息技术平台可能能够提供更丰富的学习内容,使得老年大学的学习内容更加广泛;另一方面可能是提供了多种类型的学习资源,如音频、视频等,相比较于文本形式的学习资源,老年人更偏好视听类的资源,此外,基于信息技术提供的推荐能够帮助老年人找到更多的资源及学习内容。

第二,成效为本教育理论引入老年大学学习环境深刻地影响老年大学的高效运行。通过老年大学学习环境的结构模型分析发现,学习内容正向显著性影响学习方法,学习评价显著性影响学习方法,尽管老年大学倡导合作学习,但对于不同老年大学不同的学习内容适合采用不同的学习方法,成效为本教育理论强调教师需要知道期望老年学习者达到的成效是什么,通过组织怎样的学习活动帮助学习者达到学习成效,在学习结束后以成效目标为评价对象,一方面说明在老年大学学习环境中需要重视学习评价,另一方面也需要将学习内容、学习方法、学习评价综合起来审视。

三、量表应用的讨论

在实践中,每所老年大学所处的发展阶段不同,办学层次、办学目标和办学形式不同,并不要求老年大学都发展一致。互联网时代老年大学学习环境测量量表的制定是为已有的老年大学提供学习环境诊断性工具,就单独某一所老年大学来看,具有以下功能:(1)了解现状;(2)发现自身的优势与劣势;(3)思考改进测量;(4)探讨未来发展方向。就全国范围内来看,研究者可以进行全国范围内横向比较,研究结论为老年大学的研究者、政策制定者及相关工作者提供学术参考或智力支持,也可以呈送教育部门供决策参考。

  量表开发以促进老年学习者达成学习成效、实现积极老龄化为根本目标,通过量表开发、量表应用及量表应用评价三个阶段,形成闭环,最终形成互联网时代老年大学学习环境测量量表、在线测量量表以及量表使用指南,供实践中老年大学开展学习环境测量评价。从老年大学内部来说,结合各维度和各个指标的测量结果,能够有利于老年大学找到自身的优势与不足,探索教学与管理方面的创新;从外部看,可以把握区域老年大学学习环境概貌,为区域性老年大学发展提供发展思路。

第九章 互联网时代老年大学学习环境现状与发展策略

为了更好地了解老年大学学习环境现状,帮助老年大学更好地应用测量量表,本书基于制定的"互联网时代老年大学学习环境测量量表",自主开发调查问卷,采用分层抽样和整班抽样技术,对东、中、西部地区不同老年大学的1923名学习者开展问卷调查,研究发现,互联网时代老年大学学习环境在机构支持维度评价最高,时空适应维度评价最低;教师在促进老年学习者建立社会联结和知识联结方面策略不足;信息技术应用水平尚难支撑老年大学在线学习的常态化;老年大学学习内容规范化和体系化需加强;老年大学中自主学习和合作学习是主要学习方法;老年大学评价理念需向成效为本的标准评价转变;老年大学形成了与社区的互动局面,但缺乏志愿服务和服务社区的思想引导;老年大学具有一定的时空适应性,但在机制灵活方面有显著的提升空间。研究期望为互联网时代老年大学的供给侧改革提供参考。

第一节 互联网时代老年大学学习环境现状评估

为了更好地了解老年大学学习环境现状,帮助老年大学更好地应用测量量表,研究基于制定的"互联网时代老年大学学习环境测量量表",自主开发调查问卷,分析互联网时代老年大学学习环境现状。调查问卷分为两部分,第一部分是基本信息,共8道题目,第二部分是正式问题项,共78道题目。

本书选择北京市、南通市、合肥市和成都市共6所老年大学,具体为北京市密云区老年大学、安徽老年开放大学、成都市老年大学、成都老年开放大学、成都武侯区老年大学、南通市老年大学,采用分层抽样和整班抽样的方式,面向老年大学学习者开展对互联网时代老年大学学习环境现状调查。

调查实施过程如下:首先,由研究者本人对接各个老年大学一名管理教师,明确调查的目的是诊断而非评价,陈述清楚调查的要求;其次,设计好调查指南,发放给各个老年大学线下管理教师,由各个教师负责将测量平台的网址链接转发到班级群里,同时记录好转发课程班级的名称及总人数;再次,在测量量表中设置填写"您所就读的学校名称""您所学课程名称""您所在班级学生的人数"这三个问题,由研究者本人统计不同学校、不同课程班的总人数,并与管理教师填写的数据进行比对;最后,由研究者统计问卷的回收率。

在线测量平台在开发过程中设置了不允许断点续答、同一个IP地址不允许重复提交、答完所有题目才能提交,保证回收到的问卷均为有效问卷,共发放252个班级2909人,回收1923份问卷,回收率为66.11%。各学校参加调查人数情况如表9-1所示。

表9-1 参加调查的老年大学的人数

序号	名称	调查人数
1	北京市密云区老年大学	77
2	南通市老年大学	98
3	安徽老年开放大学	125
4	成都市老年大学	1302
5	成都老年开放大学	101
6	成都武侯区老年大学	220
	总数	1923

第九章 互联网时代老年大学学习环境现状与发展策略

在收回的1923份有效问卷中,参加调查的老年学习者的性别分布、年龄分布、居住地分布、居住方式分布,以及最高学历分布,详见表9-2。

表9-2 有效样本基本情况分布

内容	类别	人数	百分比(%)
性别	男	405	21.06
	女	1518	78.94
年龄	50岁及以下	68	3.54
	51—54岁	323	16.8
	55—59岁	460	23.92
	60—64岁	501	26.05
	65—69岁	380	19.76
	70—74岁	157	8.16
	75—79岁	33	1.72
	80岁及以上	1	0.05
居住地	城市	1875	97.50
	城乡接合部	40	2.08
	乡镇	7	0.36
	农村	1	0.05
居住方式	与配偶及子女同住	835	43.42
	与配偶同住,无子女同住	849	44.15
	单独居住	194	10.09
	入住养老院	2	0.10
	其他	43	2.24

续表

内容	类别	人数	百分比(%)
最高学历	初中及以下	145	7.54
	高中	347	18.04
	中专/中职/技校	247	12.84
	大专/高职	665	34.58
	本科	463	24.08
	硕士研究生	51	2.65
	博士研究生	5	0.26
总计		1923	100

在表9-2中，参加调查的老年学习者中，男性老年学习者和女性老年学习者人数比约为1∶4，男性学员占21.06%，女性学员占78.94%。年龄主要集中在55—64岁，其中60—64岁年龄段占26.05%，55—59岁年龄段占23.92%，70岁以上的人数占9.93%。

参与调查的老年学习者绝大部分住在城市，所占比例达到97.50%，居住方式"与配偶同住，无子女同住"占44.15%，"与配偶及子女同住"占43.42%，也有10.09%的老年学习者是单独居住，仅有极少情况是入住养老院及其他。

参与调查的老年学习者最高学历各个层次均有分布，其中最多的是"大专/高职"，占34.58%，其次是"本科"，占24.08%，再次是"高中"，占18.04%，研究生学历的占2.91%。

表9-3 有效样本身体状况、职业状态、平均月收入情况分布

内容	类别	人数	百分比(%)
身体状况	健康	1425	74.10
	良好，不影响工作和生活	487	25.33
	欠佳，影响正常工作和生活	11	0.57

续表

内容	类别	人数	百分比(%)
职业状态	尚未退休	82	4.26
	退休,暂不工作	1700	88.4
	退休后继续聘任或兼职	80	4.16
	退休后自己创业	7	0.36
	其他	54	2.81
平均月收入	3000元及以下	439	22.83
	3001—6000元	1057	54.97
	6001—9000元	316	16.43
	9001—12000元	67	3.48
	12001—15000元	15	0.78
	15001—18000元	12	0.62
	18001元及以上	17	0.88
总计		1923	100

表9-3显示,在参与调查的老年学习者中有74.10%身体处于健康状态,仅有11人表示身体状况"欠佳,影响正常工作和生活",反映出身体健康是老年人参加老年大学学习的前提条件。其中有88.4%的老年学习者处于"退休,暂不工作"的状态,仅有4.52%的老年学习者退休后继续聘任、兼职或自己创业,也有4.26%的老年学习者尚未退休,但也开始学习活动,并没有把老年终身学习作为迈过退休年龄之后才开始的活动。受调查的老年学习者的平均收入在各个层次都有,其中平均月收入人数最多的是"3001—6000元"之间,超过一半达到54.97%,其次人数较多的是"3000元及以下"。

一、老年大学学习环境整体情况

调查的78项指标整体评分为295.84(标准差为62.70),相对得分率为

75.86%(总分390分),各个维度的得分情况见表9-4。

表9-4 各一级维度得分均值及标准差

排序	维度	样本量	极小值	极大值	总分平均值	标准差	相对得分率(%)
1	机构支持	1923	14.00	70.00	56.93	12.48	81.33
2	教师支持	1923	10.00	50.00	39.02	8.30	78.04
3	技术支持	1923	12.00	55.00	42.50	11.55	77.27
4	学习内容	1923	7.00	35.00	26.33	6.05	75.23
5	学习方法	1923	9.00	45.00	33.79	8.95	75.09
6	学习交互	1923	6.00	30.00	22.45	5.63	74.83
7	学习评价	1923	11.00	55.00	40.14	11.33	72.98
8	时空适应	1923	10.00	50.00	34.68	8.85	69.36

统计结果显示,"机构支持"维度相对得分率为81.33%,是所有维度中最高的;其次是"教师支持"维度,相对得分率为78.04%;再次是"技术支持"维度,相对得分率为77.27%。"机构支持"和"技术支持"这两个要素是老年大学学习环境的基础要素,相对得分率较高表明实践中做得比较好,能为老年大学学习环境下一步发展奠定良好的基础。"学习内容""学习方法""学习交互"维度相对得分率在74.83%—75.23%之间,基本持平,也处于较高水平,表明实践情况与调查问卷中某些指标较吻合,实践中处于不断发展和调整阶段。"学习评价"维度相对得分率为72.98%,与其他维度相比处于略低水平,可能与当前老年学习者对老年大学学习评价的重要性认识不足有关,实践中"学习评价"维度需进一步提升。"时空适应"维度相对得分率为69.36%,是相对得分率最低的,反映出老年大学实践中在满足老年学习者时间灵活、地点灵活及机制灵活方面还存在不足。

整体来看八个维度的相对得分率,折射出实践中老年大学学习环境建设与发展大致顺序,"机构支持""技术支持"处于基础层,实践中处于优先发展位置;"学习内容""学习方法""学习交互"处于中介层,实践中处于加快发展位置;"时空适应"处于目标层,是老年大学实践发展的目标,未来有较大的提升空间。

二、老年大学学习环境机构支持维度分析

老年大学学习环境中机构支持是指老年大学能够坚持社会主义核心价值观,贯彻积极老龄化教育理念,以老年学习者为中心,提供课程选择、教务等全面的咨询与指导,以及无障碍的物理空间和网络学习空间,研究从14个方面来了解老年大学机构支持的现状,具体统计结果见表9-5。

表9-5 机构支持维度现状分析情况(%)

内容	非常一致	一致	中立	不一致	非常不一致	平均等级(标准差)
坚持社会主义核心价值观	51.4	28.2	14.6	2.6	3.2	4.22 (1.001)
对学习者给予尊重、包容和关心	53.2	30.6	11.4	2.2	2.6	4.30 (0.940)
积极宣传国家关于养老和老年教育方面的政策	45.8	32.1	16.3	2.6	3.2	4.15 (0.994)
面向所在社区的老年群体积极宣传终身学习	43.0	31.2	18.2	4.2	3.5	4.06 (1.040)
将"健康、保障、参与"的积极老龄化理念贯穿到教学与管理中	44.0	30.4	17.6	4.0	4.1	4.06 (1.063)
坚持以老年学习者为中心	45.8	30.8	17	2.9	3.5	4.13 (1.020)
坚持老年大学与社会、社区协同育人	44.4	30.5	17.8	3.9	3.45	4.08 (1.040)
为学习者量身定制教学计划	43.1	30.3	18.3	4.5	3.9	4.04 (1.063)
为学习者提供课程选择指导	42.9	31.7	17.9	3.7	3.7	4.06 (1.038)

续表

内容	非常一致	一致	中立	不一致	非常不一致	平均等级（标准差）
为学习者提供教务咨询服务	38.3	30.7	22.3	4.8	4	3.94（1.073）
为学习者提供学费资助政策	37.2	25.8	22.5	7.4	7.1	3.79（1.221）
为学习者提供无障碍教室环境	41.6	29.0	20.7	4.3	4.4	3.99（1.089）
为学习者提供的学习平台或网页文字大小适中	39.8	30.9	21.3	3.9	4.1	3.98（1.089）
为学习者提供的学习平台或网页音频、视频播放顺畅	46.4	30.4	16.4	3.0	3.8	4.13（1.033）

从表9-5中最后一列平均等级情况可以看出，机构支持维度的14个指标中有10个指标平均等级高于4，说明与当前实践情况较为一致。"对学习者给予尊重、包容和关心"指标平均等级最高为4.30，其次是"坚持社会主义核心价值观"，平均等级为4.22，再次是"积极宣传国家关于养老和老年教育方面的政策"，平均等级为4.15，这三个方面是老年大学的办学理念的集中体现。对老年学习者的尊重、包容和关心是老年大学办学的基本宗旨，我国政府文件《老年教育发展规划（2016—2020年）》《中华人民共和国老年人权益保障法》（2019年修订）等多次强调要"弘扬中华民族敬老的美德""依法保障老年人老有所学、老有所乐"等，研究结果显示我国老年大学能贯穿落实对老年学习者的尊重，也与国家"坚持社会主义核心价值观"的政治思想保持一致，且能及时传达国家的养老及老年教育方面的政策方针。老年大学"将'健康、保障、参与'的积极老龄化理念贯穿到教学与管理中""坚持老年大学与社会、社区协同育人"的平均等级也高于4，反映学习者感知到老年大学能够贯穿积极老龄化理念，与社区协同促进老年人与社会共同发展。

有74.6%的调查者表示老年大学"为学习者提供课程选择指导"实践情况与问卷指标一致，有73.4%的调查者表示老年大学"为学习者量身定制教学计划"实践情况与问卷指标一致,显示出老年大学能够基本做到为老年学习者制订教学计划,并提供课程选择指导,体现出对学习者的个性化服务,突出老年大学学习环境的人本化特征。值得指出的是,老年大学在"为学习者提供学费资助政策"的平均等级是 14 个指标中最低的,为 3.79,尽管目前老年大学收费较低,主要是由教育行政补给与财政补贴,但是作为老年人可能倾向自己仅承担较低的学习费用,国内有研究发现年龄、性别、学费和教学内容是影响老年人参与社区教育的显著因素[1],国外也有研究指出老年人是否处于工作状态、参与学习的经济支出与交通状况、年龄增加带来的身体限制是主要障碍[2]。

问卷从"为学习者提供无障碍教室环境""为学习者提供的学习平台或网页文字大小适中""为学习者提供的学习平台或网页音频、视频播放顺畅"三个方面考察老年大学物理教学空间和在线教学空间中的无障碍性,其中"为学习者提供无障碍教室环境"和"为学习者提供的学习平台或网页文字大小适中"的得分略低于其他指标内容,"为学习者提供的学习平台或网页音频、视频播放顺畅"的平均等级相对较高,原因可能是一些老年大学的教室环境使用了较长一段时间,未能充分考虑到老年学习者听觉、视觉或行动的无障碍性,也可能因为老年学习者视力下降,偏向视听类学习资源,对学习平台或网页文字类学习资源的要求更高。无障碍性是世界老年友好城市建设框架的重要内容,老年大学不仅需要在物理空间无障碍性方面进一步改善,随着老年在线学习的发展,还需要帮助老年学习者消除数字化认知障碍、信息障碍等,促进无障碍网络学习。

---

[1] 王正东、琚向红:《老年人参与社区教育影响因素的实证研究》,《中国远程教育》2016 年第 5 期。
[2] Hansen, R. J., et al., "Barriers to Age-friendly Universities (AFU): Lessons from Osher Lifelong Learning Institute Demographics and Perceptions", Gerontology & Geriatrics Education, 2019, No.2, pp.221-243.

三、老年大学学习环境教师支持维度分析

老年大学学习环境中教师支持是指教师具备良好的授课内容专业知识、教学设计和教学实施的能力，了解老年学习者过往教育与职业经历，采用多种教学策略促进老年学习者社会联通和知识联通。研究从10个方面了解老年大学教师支持的现状，结果见表9-6。

表9-6 教师支持维度现状分析(%)

内容	非常一致	一致	中立	不一致	非常不一致	平均等级（标准差）
教师具有授课内容的专业化知识	65.8	24.3	6.0	1.5	2.3	4.50(0.855)
教师了解学习者具有的教育与职业经历情况	32.3	25.6	28.7	7.5	5.9	3.71(1.156)
教师具有学习活动设计能力	49.9	31.0	13.1	3.0	3.0	4.22(0.984)
教师具有不同类型学习活动实施能力	53.9	31.0	10.8	1.9	2.4	4.32(0.910)
教师具有线上和线下相结合的混合式教学管理能力	49.2	32.2	13.2	2.9	2.5	4.23(0.951)
教师能够关注学习者的情感需求	6.5	7.5	26.9	26.5	32.6	3.71(1.185)
教师能够使用多种策略促进学习者持续学习	40.1	31.8	20.3	4.3	3.4	4.01(1.037)
教师能够合理运用线上和线下相结合的教学方法	44.9	31.6	16.4	3.4	3.7	4.11(1.037)
教师定期组织线下校园文化活动	38.6	31.3	21.5	4.9	3.6	3.96(1.053)
教师提供合适资源以支持学习者开展独立自主的学习	37.7	32.4	22.5	4.0	3.5	3.97(1.037)

老年大学教师需要具备的专业知识，不仅是所教授课程的专业知识，也包括老龄化、老年学习以及老年教育等相关知识，从表9-6中最后一列均值可

以看出,"教师具有授课内容的专业化知识"的平均等级在所有指标中最高,达到4.50,说明老年大学教师在专业知识方面得到了老年学习者的认可。"教师了解学习者具有的教育与职业经历情况""教师能够关注学习者的情感需求"这两项平均得分较低,可能与部分授课教师是兼职教师有关,与老年学习者之间的交流与互动较少。如果教师了解老年学习者个人背景信息如教育经历、工作经历、兴趣爱好等,可以为他们推荐具有相似经历的学习伙伴,帮助老年学习者与他人建立社会关系网络,增进交流,促进知识的生产与流动。老年大学教师了解老年学习者的情感需求十分必要,一方面能够给老年学习者情感上的帮助,另一方面也能为学习者提供表达、分享、智慧贡献等个人价值实现的机会,是推进老年大学文化精神建设的重点。大量研究将老年大学的学习者刻画为不受年龄增长束缚且有能力和意愿主动参与教育的同质群体,这一同质群体仅代表小部分[①],异质性群体的教育需求,尤其是情感需求值得关注。

"教师具有学习活动设计能力""教师具有不同类型学习活动实施能力""教师具有线上和线下相结合的混合式教学管理能力"是老年大学教师专业能力的体现,这三项指标平均等级都超过4,表明老年大学教师目前具有一定的专业能力,尤其是不同类型学习活动的实施能力,平均等级为4.32,得到了老年学习者的认可。通过学习活动的设计与组织能够将老年学习者融入到具体学习场景中,使得老年学习者带着学习目标一步一步地去完成学习任务,最终达成学习成效,整个学习过程不是充满挑战或者枯燥的。

"教师能够合理运用线上和线下相结合的教学方法"平均得分为4.11,表明老年大学教师开始探索线上和线下相结合的教学方法,这可能与新冠肺炎疫情期间老年大学尝试开展线上教学有关。"教师定期组织线下校园文化活动""教师提供合适资源以支持学习者开展独立自主的学习"平均得分略低,

---

① 李琦、王颖:《老年教育的供需矛盾及解决机制——国际经验与本土思考》,《云南民族大学学报(哲学社会科学版)》2019年第6期。

教师作为老年大学环境的"影响者",通过定期组织线下校园文化活动能够促进老年学习者增强归属感,增加互动与沟通,"教师提供合适资源以支持学习者开展独立自主的学习"能够对老年学习者的自主学习提供指引,帮助老年学习者建立自己的知识网络,反映出教师在促进老年学习者的社会关系联结和知识网络联结方面有进一步提升空间。

四、老年大学学习环境技术支持维度分析

老年大学学习环境中技术支持是指老年大学提供必要的硬件设施、网络学习平台及个性化学习资源,支持开展在线学习活动,及时解决技术问题,支持学习者找到自己的学习同伴并建立联系。研究从11个方面了解互联网时代老年大学技术支持的现状,具体统计结果见表9-7。

表9-7 技术支持维度现状分析(%)

内容	非常一致	一致	中立	不一致	非常不一致	平均等级(标准差)
提供机房及计算机设备	42.4	27.0	20.1	5.0	5.6	3.96 (1.153)
提供便捷移动终端设备	39.8	28.2	21.2	5.6	5.1	3.92 (1.134)
提供在线学习平台	41.9	29.3	20.0	4.0	4.8	4.0 (1.100)
提供个性化的学习资源	35.1	29.8	24.7	5.6	4.8	3.85 (1.109)
支持学习者开展实时或非实时在线交流活动	29.4	28.2	29.7	7.3	5.3	3.69 (1.121)
提供必要的计算机或移动终端设备的使用说明	34.3	26.8	25.9	7.0	5.9	3.77 (1.169)
提供技术问题解决的渠道,如技术热线等	34.5	27.5	25.9	6.5	5.6	3.79 (1.153)
指导或培训学习者使用网络学习平台	37.7	28.8	23.9	4.6	5.0	3.89 (1.117)

续表

内容	非常一致	一致	中立	不一致	非常不一致	平均等级（标准差）
提供常见软件工具的培训	38.3	28.1	23.0	5.4	5.1	3.89（1.141）
支持学习者检索标签或关键词找到需要的资源	38.5	30.1	21.8	4.8	4.7	3.93（1.106）
支持学习者找到自己的学习同伴并建立联系	33.1	30.0	26.7	5.7	4.5	3.81（1.096）

从表9-7中最后一列均值可以看出,老年大学"提供机房及计算机设备""提供便捷移动终端设备"的均值分别为3.96和3.92,实践情况与调查指标较一致,说明老年大学具备了一定基础硬件设备,许多老年大学当前正加大经费投入,购买硬件设备以服务于老年大学的教学与管理,这与普通学校信息化发展的路径类似,校园信息化建设初期通常重视硬件建设。

调查从"提供在线学习平台"、"提供个性化的学习资源"以及"支持学习者开展实时或非实时在线交流活动"三个方面分析老年大学信息技术对在线学习活动的支持,其中"提供在线学习平台"的平均等级最高为4.0,说明调查的老年大学已经为老年学习者提供在线学习平台,"提供个性化的学习资源"和"支持学习者开展实时或非实时在线交流活动"的均值相对较低,表明老年大学虽然有学习平台,但是学习资源供给以及支撑在线教学方面还存在不足。"支持学习者检索标签或关键词找到需要的资源"是提供技术工具以帮助老年学习者在复杂繁多的知识网络中找到对自己有价值的知识,"支持学习者找到自己的学习同伴并建立联系"是提供技术工具以帮助学习者建立知识流动的管道,这两项指标平均得分略低,说明利用信息技术帮助老年学习者寻找到社会网络节点以及聚合知识方面需要提升。

研究结果显示,"提供必要的计算机或移动终端设备的使用说明"和"提供技术问题解决的渠道,如技术热线等"平均值略低,反映老年大学在为老年学习者提供技术解决的帮助方面还存在不足,已有研究表明,感知易用性能增加老年人对信息技术的使用意向,如果老年学习者遇到的信息技术障碍没有及时解决,可能会影响老年人对信息技术的接受和使用。

五、老年大学学习环境学习内容维度分析

老年大学学习环境中学习内容是指老年大学提供的学习内容覆盖面广、形式多样、具有较高的科学性和准确性,能满足老年学习者提高生活质量的需求,学习内容与学习目标具有一致性,突出模块化和系统性。研究从7个方面了解互联网时代老年大学学习内容的现状,统计结果见表9-8。

表9-8 学习内容维度现状分析(%)

内容	非常一致	一致	中立	不一致	非常不一致	平均等级(标准差)
学习内容覆盖面广	44.0	31.9	17.1	3.4	3.6	4.09(1.024)
学习内容具有较高的科学性和准确性	41.4	32.0	19.6	4.0	3.0	4.05(1.018)
学习内容能及时更新	2.2	2.8	16.7	33.6	44.7	4.16(0.948)
学习内容能满足学习者提高生活质量的需求	46.8	32.0	16.1	2.8	2.3	4.18(0.955)
学习内容与学习目标具有一致性	42.7	33.3	18.6	2.9	2.5	4.11(0.963)
学习内容突出模块化和系统性	37.2	31.8	22.9	4.6	3.6	3.95(1.043)
提供形式多样的在线学习资源,如音频、视频、文本等	44.0	31.8	17.3	3.6	3.2	4.1(1.023)

从表9-8中最后一列均值情况可以看出,老年学习者对老年大学学习内容的评价较高,整体均值接近或超过4,说明实践情况与调查指标较一致。"学习内容能满足学习者提高生活质量的需求"平均等级最高达到4.18,其次

第九章　互联网时代老年大学学习环境现状与发展策略

是"学习内容能及时更新",反映出老年学习者对老年大学当前学习内容整体满意度较高,老年大学课程内容的设计既要考虑到课程主题的与时俱进,又要兼顾教育对象年龄变化特性以及展示自我的学习动机。

"学习内容突出模块化和系统性"的平均等级为3.95,是该维度中平均等级最低的指标,说明老年大学当前学习内容系统性不足,这可能与短期课程班的形式或培训班的形式相关,通常都是以单一知识节点为授课内容,学习内容较零散,容易让老年学习者感受到内容系统性不强。

"学习内容与学习目标具有一致性"这一指标平均等级为4.11,表明老年大学学习内容能基本围绕成效目标展开,成效目标是老年大学的重要指引,包含学校层面成效目标、专业或课程班层面目标及单一课程层面的目标,围绕学习目标确定的学习内容避免了盲目性,如果缺乏目标导向的学习,老年大学学习质量和成效都难以得到保证,势必会与建设高质量终身教育体系的愿景背道而驰。

六、老年大学学习环境学习方法维度分析

老年大学学习环境中学习方法是指老年大学能够指导老年学习者开展自主学习,设计、组织、监控合作学习,鼓励老年学习者根据自己的专长为同伴提供学习资源或学业辅导,分享课内或课外的学习经验以实现联通学习。研究从9个方面了解互联网时代老年大学学习方法的现状,具体统计结果见表9-9。

表9-9　学习方法维度现状分析(%)

内容	非常一致	一致	中立	不一致	非常不一致	平均等级(标准差)
指导学习者规划学习进度	35.3	33.7	23.0	4.8	3.2	3.93(1.026)
指导学习者合理安排学习时间	34.4	32.6	24.1	5.0	4.0	3.89(1.054)

续表

内容	非常一致	一致	中立	不一致	非常不一致	平均等级（标准差）
设计小组学习任务开展协作学习	29.8	27.7	29.2	7.9	5.4	3.69（1.134）
提供小组合作学习的相关资源和工具	30.1	27.9	28.3	8.3	5.3	3.69（1.132）
监控和指导各小组合作学习进行	28.5	26.8	29.4	9.2	5.0	3.63（1.153）
推荐学习者背景、兴趣爱好、经历相似等的同伴	31.5	27.2	28.4	7.3	5.6	3.72（1.137）
鼓励学习者根据自己的专长为同伴提供学习资源	29.8	28.7	29.3	7.4	4.8	3.71（1.110）
鼓励学习者根据自己的专长为同伴提供学业辅导	28.4	28.1	30.6	8.0	4.9	3.67（1.114）
鼓励学习者分享课内、课外的学习经验	34.4	30.3	26.3	5.5	3.6	3.86（1.065）

表 9-9 中最后一列的平均等级显示，学习方法维度的指标平均等级均低于 4，说明老年大学实践情况与调查指标之间还存在一定差距。研究从"指导学习者规划学习进度""指导学习者合理安排学习时间"两方面考察老年大学对学习者自主学习的支持，这两项均值在学习方法维度中是最高的，说明老年大学能较好地关注老年学习者的自主学习，指导学习者规划学习进度，合理安排学习时间，已有的研究反映老年学习者能够开展自我导向的学习，老年学习者具有高标准严要求的自我管理，多元社会交互环境能促进老年学习者自我导向学习。

研究从"设计小组学习任务开展协作学习""提供小组合作学习的相关资源和工具""监控和指导各小组合作学习进行"三个方面考察老年大学在合作学习方面的做法，平均等级都低于 4，说明老年大学开展合作学习的实践情况还存在一定的不足，其中"监控和指导各小组合作学习进行"的均值最低为 3.63，反映老年大学可能在合作学习的实践中缺乏对小组的监控及指导，小组学习中必然存在不积极参与的情况,如果缺乏监控或指导,存在诸多实施问题,则难以真正发挥合作学习的作用。

研究从"推荐学习者背景、兴趣爱好、经历相似等的同伴""鼓励学习者根据自己的专长为同伴提供学习资源""鼓励学习者根据自己的专长为同伴提供学业辅导""鼓励学习者分享课内、课外的学习经验"四个方面考察老年大学对联通学习支撑的情况,这四个方面均值略低,说明实践情况与调查指标之间还有一定距离。为老年学习者推荐背景、兴趣爱好、经历相似等的学习伙伴,能更好地帮助老年人建立社会网络联结,鼓励学习者根据自己的专长为同伴提供学习资源或学业辅导,以及分享课内外学习经验,是激发老年大学学习者主体性,发挥提供老年人价值实现的重要途径,也是增强老年学习者获得感、提升老年学习者社会参与的方式,研究结果说明老年大学在促进联通学习方面还存在不足,可能会导致老年大学的积极老龄化的理念难以落地实践。

七、老年大学学习环境学习评价维度分析

老年大学学习环境中学习评价是指老年大学的评价理念是促进学习者反思和学习改进,学习评价是围绕学习目标,与学习活动紧密结合,提供形成性评价和终结性评价相结合的方式,鼓励教师评价和同伴评价相结合,提供多元、多主体的评价方式。研究从11个方面了解互联网时代老年大学学习评价的现状,具体统计结果见表9-10。

表9-10 学习评价维度现状分析(%)

内容	非常一致	一致	中立	不一致	非常不一致	平均等级(标准差)
坚持促进学习者反思和学习改进的评价理念	27.2	29.4	30.9	7.0	5.5	3.66 (1.113)
学习评价是围绕学习目标的,具有一致性	28.3	30.5	29.0	7.6	4.7	3.7 (1.110)

续表

内容	非常一致	一致	中立	不一致	非常不一致	平均等级（标准差）
学习评价与学习活动紧密结合,具有一致性	28.7	29.9	29.7	6.8	4.9	3.71(1.104)
提供形成性评价和终结性评价相结合的方式	27.0	29.4	29.6	8.5	5.3	3.64(1.122)
鼓励教师评价和同伴评价相结合	28.4	30.0	28.8	8.2	4.6	3.69(1.103)
提供自评、教师评价、同伴互评等多种评价方式的工具和资源	26.5	28.3	30.2	8.9	6.0	3.6(1.143)
能够采用多元化的方式对小组合作表现进行评价	26.3	27.2	30.8	9.3	6.3	3.58(1.152)
评价内容符合学习者的特征	27.9	29.3	29.2	7.9	5.7	3.66(1.129)
评价内容关注学习资源的使用情况	26.0	29.1	31.6	8.2	5.1	3.63(1.103)
评价内容关注教学互动的程度	26.26	29.54	31.25	7.75	5.2	3.64(1.104)
评价内容关注学习活动的参与度	26.26	29.07	31.36	8.32	4.99	3.63(1.104)

表9-10中最后一列的平均等级显示,学习评价各指标的平均等级都小于4,说明实践中学习评价维度与调查指标存在一定差距,"学习评价与学习活动紧密结合,具有一致性"这一指标的平均等级为3.71,是学习评价维度下平均等级最高的指标,说明老年大学在学习评价上能注重到学习评价与学习目标的一致性。

"能够采用多元化的方式对小组合作表现进行评价"该项评价指标最低,结合在学习方法维度中对合作学习的讨论,研究认为可能在老年大学实践中开展了合作学习,但过程缺乏监控及对小组的综合评价。

研究从"评价内容符合学习者的特征""评价内容关注学习资源的使用情况""评价内容关注教学互动的程度""评价内容关注学习活动的参与度"

四个方面来考察学习评价的内容,四项指标的平均等级都略低,说明当前老年大学的学习评价内容上,可能还是按照传统的评价方式,关注分数和排名,缺乏对学习资源使用情况、学习互动情况、学习活动参与情况综合性的关注,老年大学的学习评价是学习的反馈环节,具有重要作用,未来老年大学应向成效为本评价转变,丰富评价内容,多方位了解老年学习者的学习过程情况。

八、老年大学学习环境学习交互维度分析

老年大学学习环境中学习交互是指老年学习者与学习同伴、教师及社区的互动。研究从6个方面来了解互联网时代老年大学学习交互的现状,具体统计结果见表9-11。

表9-11 学习交互维度现状分析(%)

内容	非常一致	一致	中立	不一致	非常不一致	平均等级（标准差）
学习者能够免费参加社区组织的活动	45.24	26	20.07	3.74	4.94	4.03（1.112）
鼓励学习者校外结对学习	30.16	26.26	28.29	8.27	7.02	3.64（1.193）
鼓励学习者建立或者参与社区学习圈	31.05	27.77	28.6	7.44	5.15	3.72（1.130）
鼓励学习者参与社区管理与志愿服务	29.07	27.41	30.32	8.01	5.2	3.67（1.128）
为学习者提供教师、同伴的联系方式	33.23	28.29	27.35	5.88	5.25	3.78（1.132）
组织形式多样的线下学习活动,如作品展示、集中汇报	30.79	24.28	27.77	9.36	7.8	3.61（1.059）

表9-11中最后一列的平均等级显示,"学习者能够免费参加社区组织的活动"的平均等级最高为4.03,有45.24%的老年学习者表示当前实践与调查

指标"非常一致",这说明老年大学正在逐步开放并走向社区,通过正式的学习活动及非正式的学习活动,促进老年大学与社区融通,既服务于社区的老年人,同时又发挥老年人作用改善社区。该维度下其余指标的平均等级均低于4,"组织形式多样的线下学习活动,如作品展示、集中汇报"的平均等级最低,可能目前老年大学在与社会联通方面缺乏有意义的学习性活动引导。

"鼓励学习者校外结对学习""鼓励学习者建立或者参与社区学习圈"的平均等级分别是3.64和3.72,说明老年大学学习环境在增进学习者同伴之间及代际之间互动方面有待进一步提升,通过校外的结对学习,或者参与社区的学习圈,能够增加老年学习者之间的沟通与交流,促进更多的老年人加入到终身学习活动中,未来老年大学与社会的融通方面有待进一步提升。

"鼓励学习者参与社区管理与志愿服务"的均值也较低,说明许多老年学习者自身具有参与志愿服务的意愿,老年大学的实践可能在鼓励学习者参与到社区管理与志愿服务方面还存在不足。

九、老年大学学习环境时空适应维度分析

老年大学学习环境中时空适应是指能够为老年学习者提供灵活的学习时间、学习地点及机制。研究从10个方面了解互联网时代老年大学时空适应的现状,具体统计结果见表9-12。

表9-12 时空适应维度现状分析(%)

内容	非常一致	一致	中立	不一致	非常不一致	平均等级（标准差）
学习者可以选择提前预约上课时间	33.54	23.5	22.9	9.1	10.8	3.6 (1.327)
学习者可以预约考试或考核时间	22.3	19.7	27.2	14.0	16.8	3.17 (1.364)

续表

内容	非常一致	一致	中立	不一致	非常不一致	平均等级（标准差）
学习者可以自主安排校外学习时间	34.4	24.5	25.8	7.5	7.8	3.7（1.234）
学习者可以自主选择适宜的学习环境（如学校、家庭、社区、图书馆）	41.3	28.0	20.3	5.4	5.0	3.95（1.137）
学习者可以选择线下课堂为主、线上学习为辅的方式	43.8	26.5	20.5	4.5	4.7	4.0（1.120）
学习者可以选择线上学习为主、线下课堂为辅的方式	24.6	16.9	29.6	13.6	15.2	3.22（1.365）
学习者可以选择完全课堂学习的方式	44.4	25.7	21.3	4.7	4.0	4.02（1.088）
学习者可以选择完全线上学习的方式	19.5	15.2s	28.9	15.8	20.6	2.97（1.385）
学习者可以选择学历教育或非学历教育	20.9	14.2	31.1	14.6	19.1	3.03（1.367）
支持学习者的过往经历得到学分互认	20.5	16.1	28.3	15.2	19.9	3.02（1.386）

调查从"学习者可以选择提前预约上课时间"和"学习者可以预约考试或考核时间"这两方面考察老年大学时间灵活性，这两个指标平均等级分别是3.6和3.17，说明老年大学学习环境时间灵活性的实践情况与调查指标之间还有一定距离，其中学习者可预约上课时间的实践情况略高于预约考试或考核情况。在线下实体环境中，老年大学实行"预约制"可能需要协同多方面因素，例如师资、教室等，不便于日常教学管理，但是如果转为线上预约上课或预约考核，能相对节约人力成本，随着老年大学技术支持的发展，未来可以考虑开展"预约制"，使得老年学习者在学习时间安排上更加灵活。

"学习者可以选择线下课堂为主、线上学习为辅的方式""学习者可以选择完全课堂学习的方式"这两方面的平均得分最高,而"学习者可以选择完全线上学习的方式"的得分最低,研究结果表明,我国老年大学学习主要依赖物理空间,以完全基于课堂的集中授课形式展开,网络学习并没有成为老年学习者重要的学习场景,尽管在《老年教育发展规划(2016—2020年)》中提及要"推动信息技术融入老年教育教学全过程,推进线上线下一体化教学,支持老年人网上学习",但实践中还有较长一段路要走。

调查结果显示"学习者可以选择学历教育或非学历教育"或"支持学习者的过往经历得到学分互认"这两项的评分较低,在互联网时代需研究如何为老年学习者提供过往学习资历的认可或给予不同形式的学分,并将学分存储到学分银行,转换成相应的物质奖励等,激发老年学习者的热情与积极性。

第二节 互联网时代老年大学学习环境评估差异

一、不同性别群体对老年大学学习环境评价的整体分析

(一)相对得分率

对男性和女性老年学员对老年大学学习环境整体评价的差异性进行统计分析,数据结果如图9-1所示。

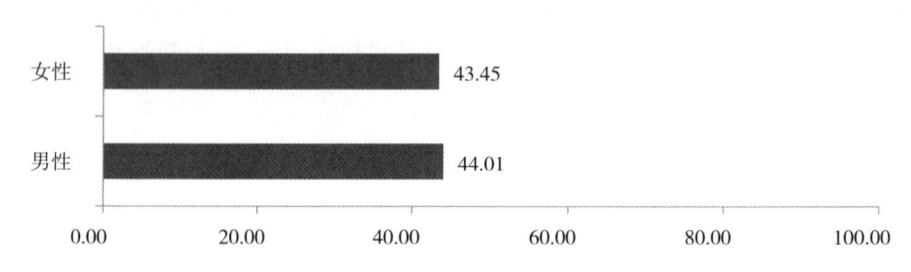

女性 43.45
男性 44.01

图9-1 不同性别群体对老年大学学习环境整体评价相对得分率(单位:%)

结果显示,男性和女性老年学员对老年大学学习环境的整体评价相对得分率分别是44.01%和43.45%,男性老年学员对老年大学学习环境整体评价相对得分率略高于女性老年学员。

(二)差异分析

不同性别的老年群体对老年大学学习环境整体评价的差异性分析如表9-13所示。

表9-13 不同性别群体对老年大学学习环境整体评价差异性分析

性别	样本数	均值	标准差	标准误	t	p值
男性	405	171.622	63.863	3.173376	.032	.859
女性	1518	169.466	63.768	1.636679		

统计结果表征,不同性别老年学员对老年大学学习环境的整体评价不存在显著差异(p值=0.859>0.05)。

(三)一级维度优劣势分析

通过男性和女性群体在每个维度上相对得分率的高低,分析不同性别老年学员对老年大学学习环境在一级维度上的评价,获得如表9-14所示的统计结果。

表9-14 不同性别群体对老年大学学习环境整体评价一级维度相对得分率

(单位:%)

性别	机构支持	教师支持	技术支持	学习内容	学习方法	学习评价	学习交互	时空适应
男性	39.74	38.44	45.93	38.89	45.49	47.31	44.43	45.98
女性	38.41	38.56	45.93	38.00	44.78	46.93	44.10	45.89

男性老年学员对老年大学学习环境的评价在机构支持、学习内容、学习方法、学习评价、学习交互、时空适应维度均略高于女性学员的评价,在教师支持维度上评价略低于女性学员,对于技术支持,男性和女性老年学员的评价相对得分率是一致的。

二、不同年龄群体对老年大学学习环境评价的整体分析

(一)相对得分率

不同年龄段老年学员对老年大学学习环境整体评价相对得分率如图9-2所示。

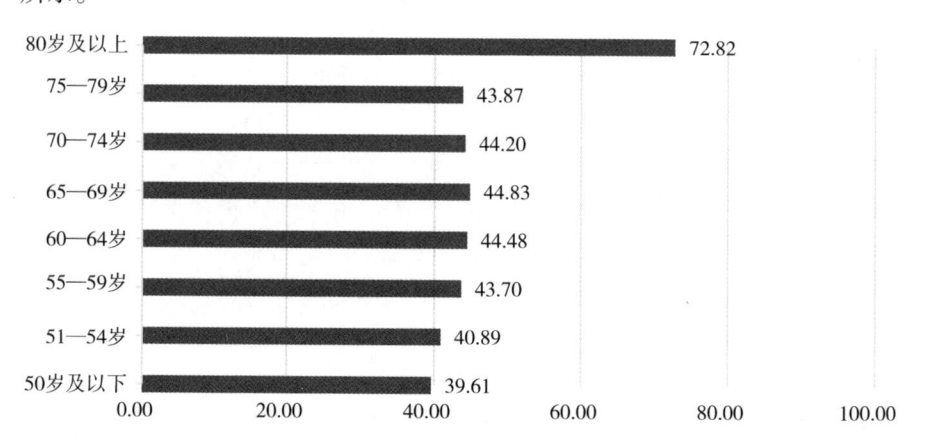

年龄段	相对得分率
80岁及以上	72.82
75—79岁	43.87
70—74岁	44.20
65—69岁	44.83
60—64岁	44.48
55—59岁	43.70
51—54岁	40.89
50岁及以下	39.61

图9-2 不同年龄群体对老年大学学习环境整体评价相对得分率(单位:%)

结果显示,80岁及以上的老年群体仅有1人,其对老年大学学习环境的评价相对得分率为72.82%,年龄段在65—69岁的老年群体对老年大学学习环境的整体评价较高,相对得分率为44.83%。

(二)差异分析

各不同年龄段老年学员对老年大学学习环境的评价统计结果如表9-15所示。

表 9-15　不同年龄群体对老年大学学习环境整体评价差异性分析

年龄	样本数	均值	标准差	标准误	均值的95%置信区间 下限	均值的95%置信区间 上限	F	p值
50岁及以下	68	154.49	60.04	7.28	139.95	169.02	2.868	0.006
51—54岁	323	159.47	60.12	3.34	152.89	166.05		
55—59岁	460	170.43	62.46	2.91	164.71	176.15		
60—64岁	501	173.48	64.20	2.87	167.84	179.11		
65—69岁	380	174.84	65.33	3.35	168.25	181.43		
70—74岁	157	172.39	68.21	5.44	161.64	183.14		
75—79岁	33	171.09	65.40	11.38	147.90	194.28		
80岁及以上	1	284.00	.	.	.	.		

统计结果显示,不同年龄段群体对老年大学学习环境存在显著差异($p=0.006<0.05$, $F=42.868$)。因为"80岁及以上"年龄段之外的数量只有1人,无法做事后检验。删除"80岁及以上"这条数据,对1922份数据进行年龄的方差分析,得到存在显著性差异,采用Tamhane's T2进行多重比较,结果如表9-16所示。

表 9-16　不同年龄群体对老年大学学习环境整体的方差分析多重比较

（I）年龄分组	（J）年龄分组	均值差（I-J）	标准误	显著性	均值的95%置信区间 下限	均值的95%置信区间 上限
60—64岁	51—54岁	3.62104	3.62104	0.047	-10.2303	11.1445
	55—59岁	4.70473	4.70473	0.025	-11.2264	16.5453
65—69岁	70—74岁	8.36455	8.36455	0.039	-22.3138	27.0616

注：*表示p在0.05水平上显著。

以上统计结果表明：年龄在"60—64岁"的老年学员对老年大学学习环境的评价显著性高于年龄在"51—54岁""55—59岁"的老年学员；年龄在"65—69岁"的老年学员对老年大学学习环境的评价显著性高于年龄在"70—74岁"的老年学员。

(三)一级维度优劣势分析

通过不同年龄段老年学员在每个维度上相对得分率的高低进行比较,分析不同年龄段老年学员对老年大学学习环境在一级维度上的评价,获得如下统计结果见表9-17。

表9-17 不同年龄段老年学员对老年大学学习环境整体评价一级维度相对得分率

(单位:%)

年龄	机构支持	教师支持	技术支持	学习内容	学习方法	学习评价	学习交互	时空适应
50岁及以下	36.66	36.52	42.09	35.43	40.69	41.29	39.20	40.44
51—54岁	36.53	36.86	44.46	35.63	41.04	43.71	41.50	42.89
55—59岁	38.71	38.74	46.30	38.66	45.27	47.65	44.00	45.78
60—64岁	39.93	39.08	46.73	38.97	46.31	48.16	45.30	46.80
65—69岁	39.50	39.28	48.37	38.94	46.00	48.25	45.60	48.00
70—74岁	38.67	38.28	46.77	39.17	46.64	47.40	44.90	47.67
75—79岁	35.97	39.64	48.10	36.80	44.58	47.49	46.27	48.55
80岁及以上	48.57	68.00	69.09	51.43	71.11	90.91	70.00	67.27

由于"80岁及以上"仅有1人,无法体现该年龄段的群体性特征,在分析时未纳入。表9-17显示,"60—64岁"对机构支持维度评分较高;"65—69岁"群体对技术支持、学习评价的评分较高;"70—74岁"群体对学习内容、学习方法评分较高;"75—79岁"群体对教师支持、学习交互、时空适应评分较高。

三、不同居住方式群体对老年大学学习环境评价的整体分析

(一)相对得分率

不同居住方式的老年学员对老年大学学习环境整体评价相对得分率如图9-3所示。

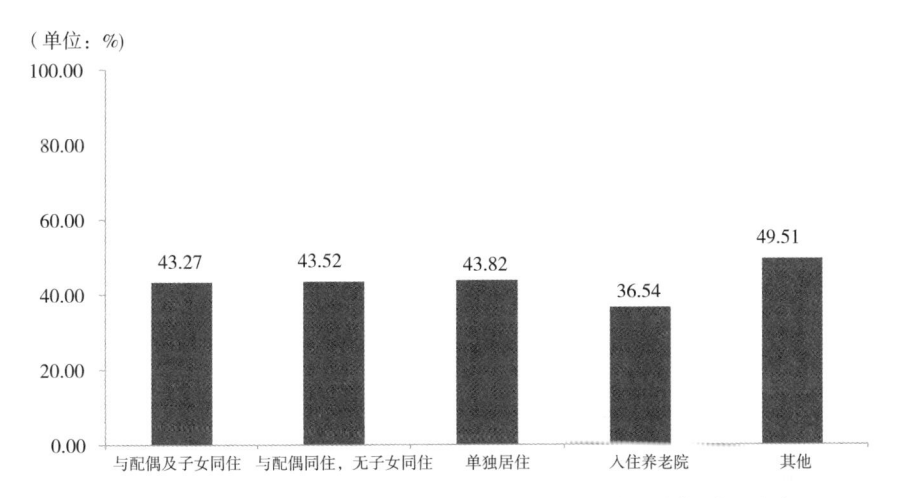

第九章 互联网时代老年人学习环境现状与发展策略

图 9-3 不同居住方式群体对老年大学学习环境整体评价相对得分率

结果显示,居住方式为"其他"类别的群体对老年大学学习环境的评价相对得分率最高,为 49.51%,"与配偶及子女同住""与配偶同住,无子女同住""单独居住"这三类群体的评价相对得分率基本持平,"入住养老院"的群体对老年大学学习环境的评分相对得分率最低。

(二)差异分析

不同居住方式群体对老年大学学习环境的评价统计结果如表 9-18 所示。

表 9-18 不同居住方式群体对老年大学学习环境整体评价差异性分析

居住方式	样本数	均值	标准差	标准误	均值的95%置信区间 下限	均值的95%置信区间 上限	F	p值
与配偶及子女同住	835	168.76	65.433	2.264	164.31	173.20	1.593	.173
与配偶同住,无子女同住	849	169.73	60.61	2.080	165.65	173.82		
单独居住	194	170.89	68.89	4.946	161.13	180.64		
入住养老院	2	142.50	88.39	62.50	-651.64	936.64		
其他	43	193.07	65.86	10.04	172.80	213.34		

注:* 表示 p 在 0.05 水平上显著。

191

通过方差分析,F=1.593,p=0.173>0.05,结果显示不同居住方式的群体对老年大学学习环境的整体评价无显著性差异。

(三)一级维度优劣势分析

通过比较不同居住方式群体在每个维度上相对得分率的高低,分析不同居住方式老年学员对老年大学学习环境在一级维度上的评价,见表9-19。

表9-19 不同居住方式群体对老年大学学习环境整体评价一级维度相对得分率

(单位:%)

居住方式	机构支持	教师支持	技术支持	学习内容	学习方法	学习评价	学习交互	时空适应
与配偶及子女同住	38.94	38.42	45.91	38.06	44.13	46.78	43.90	45.38
与配偶同住,无子女同住	38.41	38.10	46.29	37.97	45.13	46.91	44.40	46.56
单独居住	38.31	39.46	47.36	38.63	45.73	47.53	42.97	45.75
入住养老院	38.57	34.00	40.00	40.00	40.00	33.64	38.33	26.36
其他	41.53	45.24	57.00	43.06	52.67	51.76	51.17	49.89

结果显示,不同居住方式的老年群体对老年大学学习环境的整体评价无显著性差异,"与配偶及子女同住""与配偶同住,无子女同住""单独居住"这三类群体对一级维度"学习评价"相对得分率较高。"入住养老院"群体对"技术支持""学习内容""学习方法"维度的评价相对得分率一致。居住方式为"其他"类型的对一级维度"技术支持"的评价相对得分率最高。

四、不同学历群体对老年大学学习环境评价的整体分析

(一)相对得分率

不同学历的老年学员对老年大学学习环境整体评价相对得分率如图

9-4 所示。

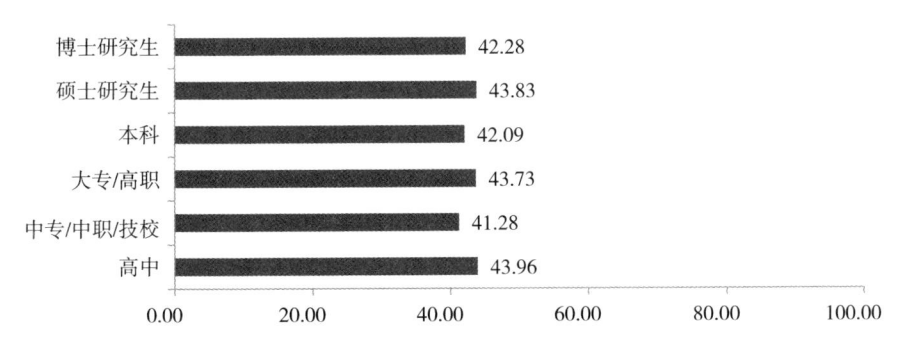

图 9-4 不同学历群体对老年大学学习环境整体评价相对得分率(%)

结果显示,不同学历的老年学员对学习环境整体评价相对得分率基本持平,其中"高中"学历的老年学员对老年大学学习环境的整体评价相对得分率最高,达到43.96%;其次是"硕士研究生"群体,相对得分率为43.83%;再次是"大专/高职"群体,相对得分率为43.73%。

(二)差异分析

不同学历群体对老年大学学习环境的评价统计结果如表9-20所示。

表 9-20 不同学历群体对老年大学学习环境整体评价差异性分析

最高学历	样本数	均值	标准差	标准误	均值的95%置信区间 下限	均值的95%置信区间 上限	F	p 值
初中及以下	145	170.42	73.30	6.09	158.39	182.45		
高中	347	173.63	66.71	3.58	166.58	180.67		
中专/中职/技校	247	163.04	62.13	3.95	155.25	170.83		
大专/高职	665	172.75	62.66	2.43	167.98	177.52	1.170	0.319
本科	463	166.27	59.54	2.77	160.83	171.71		
硕士研究生	51	173.14	72.19	10.11	152.83	193.44		
博士研究生	5	167.00	71.18	31.83	78.62	255.38		

通过方差分析，F=1.170，p=0.319>0.05，结果显示不同学历的老年学员对老年大学学习环境的整体评价无显著性差异。

（三）一级维度优劣势分析

通过比较不同学历群体在每个维度上相对得分率的高低，分析不同学历老年学员对老年大学学习环境在一级维度上的评价，见表9-21。

表9-21 不同学历群体对老年大学学习环境整体评价一级维度相对得分率

（单位：%）

学历	机构支持	教师支持	技术支持	学习内容	学习方法	学习评价	学习交互	时空适应
初中及以下	39.67	40.52	47.62	39.80	45.20	46.18	42.07	43.49
高中	40.27	41.18	48.05	39.94	44.84	46.56	45.33	45.53
中专/中职/技校	36.43	37.08	45.22	37.77	42.78	44.02	42.83	44.73
大专/高职	39.47	38.56	46.84	38.57	45.47	48.56	44.93	47.15
本科	37.07	36.76	44.80	36.46	44.98	46.67	43.53	46.49
硕士研究生	41.26	37.72	47.80	34.46	46.93	49.73	45.23	45.45
博士研究生	37.14	36.80	54.91	38.86	51.11	46.55	42.67	31.64

研究结果显示，一级维度各个维度显示，"初中及以下"、"高中"、"硕士研究生"以及"博士研究生"学历的不同群体对"技术支持"维度的评价相对得分率最高，"大专/高职""本科""硕士研究生"在"学习评价"维度的相对得分率最高。不同学历群体对"技术支持"的整体评价较高，说明目前老年教育机构为老年学员提供技术方面的支持满意度较高，可能的原因是老年学员本身对于依托信息技术的学习需求较低。

五、不同月收入群体对老年大学学习环境评价的整体分析

(一)相对得分率

不同月收入群体对老年大学学习环境的评价统计结果如图9-5所示。

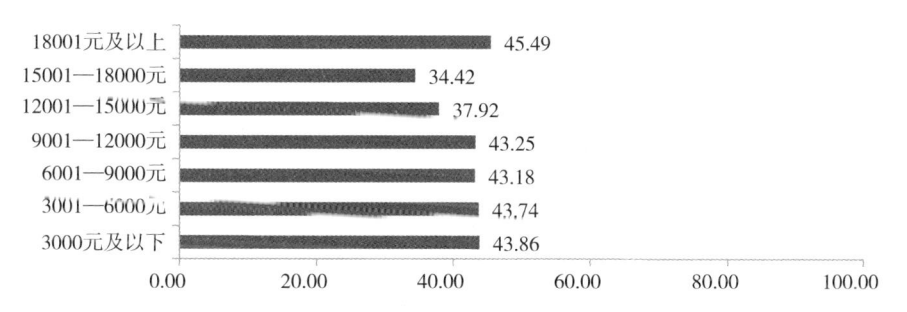

图9-5 不同月收入群体对老年大学学习环境整体评价相对得分率(单位:%)

收入为18001元及以上的只有1人,统计结果的得分率为45.49%,在其他不同的收入分布段,收入在3000元及以下的群体对老年大学学习环境的相对得分率较高,其次是收入在3001—6000元的,相对得分为43.74%。

(二)差异分析

不同月收入群体对老年大学学习环境的整体评价统计结果如表9-22所示。

表9-22 不同月收入群体对老年大学学习环境整体评价差异性分析

月收入	样本数	均值	标准差	标准误	均值的95%置信区间 下限	均值的95%置信区间 上限	F	P值
3000元及以下	439	171.05	68.28	3.26	164.64	177.45	1.041	0.397

续表

月收入	样本数	均值	标准差	标准误	均值的95%置信区间 下限	均值的95%置信区间 上限	F	P值
3001—6000元	1057	170.59	62.46	1.92	166.82	174.36	1.041	0.397
6001—9000元	316	168.39	61.29	3.45	161.60	175.17		
9001—12000元	67	168.67	60.35	7.37	153.95	183.39		
12001—15000元	15	147.87	50.79	13.11	119.74	175.99		
15001—18000元	12	134.25	71.92	20.76	88.55	179.95		
18001元及以上	17	177.41	84.56	20.51	133.93	220.89		

统计结果显示,不同月收入群体对老年大学学习环境整体评价无显著性差异($F=1.041$, $P=0.397>0.5$)。

(三)一级维度优劣势分析

通过比较不同月收入的老年群体在每个维度上相对得分率的高低,分析不同月收入老年学员对老年大学学习环境在一级维度上的评价,见表9-23。

表9-23 不同月收入群体对老年大学学习环境整体评价一级维度相对得分率

(单位:%)

月收入	机构支持	教师支持	技术支持	学习内容	学习方法	学习评价	学习交互	时空适应
3000元及以下	39.77	39.84	50.62	39.55	50.13	46.64	43.83	49.02
3001—6000元	38.64	38.48	49.18	38.33	50.68	47.22	44.53	51.64
6001—9000元	37.93	38.34	48.27	36.76	50.95	46.87	43.97	50.30
9001—12000元	40.01	35.98	50.93	36.80	50.70	47.16	44.47	48.90
12001—15000元	29.33	29.74	37.33	29.33	46.33	46.05	42.00	48.26
15001—18000元	29.40	27.34	37.42	31.19	38.75	38.49	33.89	41.34
18001元及以上	38.31	37.30	48.76	38.49	56.78	52.95	44.51	50.70

研究结果显示,月收入"9001—12000元"群体对"技术支持"维度的评价最高,"6001—9000元""9001—12000元"群体对"学习方法"的维度评价最高,随着收入的增加,在"3001—6000元""18001元及以上"群体对"时空适应"维度的相对得分率最高。

综上,通过分析得出以下结论:

(1)不同性别的老年群体对"机构支持""教师支持"存在显著性差异,对其他一级维度无显著性差异;

(2)不同年龄的老年群体对"学习内容""学习方法""学习评价""学习交互""时空适应"五个一级维度存在显著性差异,对其他一级维度无显著性差异;

(3)不同居住方式的老年群体对"技术支持"一级维度存在显著性差异,对其他一级维度无显著性差异;

(4)不同学历的老年群体对"机构支持""教师支持""时空适应"三个一级维度存在显著性差异,对其他一级维度无显著性差异;

(5)不同月收入的老年群体对"教师支持"一级维度存在显著性差异,对其他一级维度无显著性差异。

第三节 互联网时代老年大学学习环境主要问题

研究发现,在老年学习环境中专业化师资缺乏是影响老年学习成效的重要因素。与其他类型的教育机构相比较,老年大学师资具有四个方面的不足:一是师资队伍来源以兼职教师占主导,从投入的时间和精力来看,明显存在不足,导致老年大学教师与老年学习者之间出现信息不对等;二是老年大学当前依旧是实行传统高校的模式,未能将老年学习者纳入师资队伍;三是老年大学的教师能够具有专业化知识,教学策略以小组学习为主,但在促进联通性学习方面存在不足;四是老年大学教师缺乏评价机制和质量保证制度。

为老年人提供在线的学习环境支撑成为当前发展的重要趋势,国外有专门的在线第三年龄大学,完全以在线的形式提供老年学习的服务,如澳大利亚的 U3A Online,在老年友好大学建设的十项原则中也包含"扩大老年人的在线教育机会,以确保参与途径多种多样",但从我国老年大学学习环境技术支撑维度来看,虽然老年大学已经初步探索基于互联网的在线学习模式,投入资金,扩大设备及软件资源的建设。然而,无论是从访谈还是现状调查都可以看到,老年大学缺乏优质的在线教育资源、开展实时或非实时在线交流不足、支持学习者通过检索标签来找到需要的资源不足,反映出促进老年学习者在线交流、促进网络知识的提炼和聚合方面有待提升,老年大学的在线教学发展还有较长的一段路,需要进一步厘清老年大学信息化发展的路径。

通过对老年学习者的访谈及现状分析,我国老年大学学习内容具有以下两方面的不足:一是学习内容门类有限,我国老年大学目前课程主要集中在娱乐、文化、休闲等领域,老年学习者对当前现状比较满意,但是对于追求自我发展或具有高要求的老年学习者而言,他们希望老年大学课程的门类能够更丰富。在已有的文献里,国外的老年大学里学习内容更丰富,例如日本的高龄教室会讲授社会变化、理解年轻群体等内容。二是老年教育的内容是否需要系统化和模块化,我们认为需要依据课程内容而定,对于偏知识型课程,系统化和模块化的课程更能帮助老年学习者理解;而对于技能型课程,碎片化更能使老年学习者快速地掌握技能。学习内容是与学习目标、学习评价紧密关联的,因此形成系统的成效为本老年大学教育模式十分必要。

通过访谈和调查现状分析,老年大学在社区互动方面存在以下方面的问题:一是老年大学在促进与社区联通方面还存在不足,有很多老年学习者具有社会参与、做志愿服务的意愿,可能由于缺乏组织性,更多停留在个人意愿层面而未能转换为实践行动,尚未与社区实现联通;二是在鼓励老年学习者利用自身的经验为同伴讲授知识、提供辅导方面还存在不足,缺乏对老年学习者彼此互助学习的引导,老年大学的学习者与同龄者一起学习,能够产生社会带动效应,不仅能增加彼此的认识和了解,消除人际隔阂,而且能强化学习意识,但社会互动的过程离不开老年大学教师的积极引导。

我国老年大学目前已经具备一定的时空灵活性,在灵活性方面还存在突出问题,缺乏对过往学习经历的认可,也缺乏对老年学习学分的认证,虽然各地纷纷建立起学分银行,但学习者的学分还难以存储在学分银行中,无形之中将老年大学学习排斥于正规教育体系之外,因此迫切需要加快建立面向老年群体的学习成果认证制度,为不同群体生命历程发展提供基础。

基于老年大学学习环境的结构模型,老年大学学习环境的各个维度之间是相关的,要有效地构建老年大学学习环境,我们不仅要考虑老年大学学习环境的各个维度和指标,还需要从办学的整体上统筹规划老年大学的学习环境。

第四节 互联网时代老年大学学习环境发展建议

一、开展顶层设计,指导老年大学学习环境整体建设

我国老年教育的发展经历了以老干部为中心、未具规模的初创期,到重视老年教育"受教育权"、着手扩大办学规模的推广期,到强调终身"教育性"、提升办学规范化的发展期,再到如今构建"现代化教育体系"、尝试办学战略转型的繁盛期(马丽华等,2018),纵观发展历程,对老年教育的认识与研究逐渐深入。《老年教育发展规划(2016—2020年)》和《中国教育现代化2035》都提及要"扩大老年教育资源供给",未来可能会有更多的部门、行业企业、高校举办老年教育。研究构建了互联网时代老年大学学习环境理论模型,能够为规划建设的老年大学或已经建成的老年大学提供系统指导,发展步骤见图9-7。

对于规划建设的老年大学而言,可以沿着"参与和理解—规划—行动和实施—评估"的发展路线,了解老年大学学习环境的内涵,秉承积极老龄化的

互联网时代老年大学学习环境构建与评估

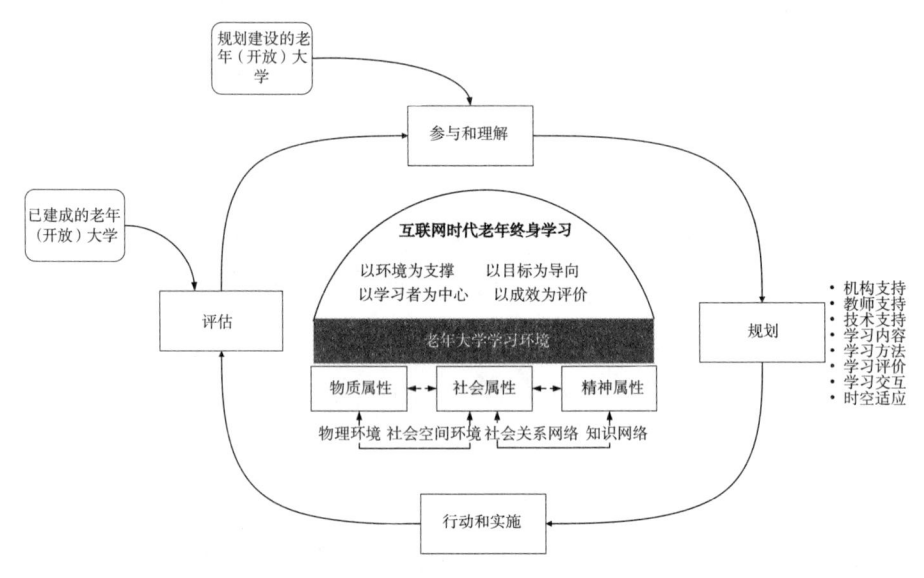

图 9-6 老年大学学习环境发展步骤

理念,从机构支持、教师支持、技术支持、学习内容、学习方法、学习评价、学习交互及时空适应 8 个方面开展规划,根据自己的优势,找到优先发展路径。

对于已经建成的老年大学,可以通过模型指导当前的实际,以机构支持、技术支持、学习评价为第一次层次,以实现老年学习者灵活学习为努力方向,构建线上与线下相结合的学习场景,通过自主学习、合作学习、联通学习,提升老年学习者的参与性,增强学习交互,从而形成新的社会关系,包括同伴关系、师生关系、代际关系等,发挥老年群体的贡献性,促进老年群体自身的反思与自我对话,形成新的精神空间。

老年大学的系统建设并不是一蹴而就的,也不是一成不变的,研究构建的老年大学学习环境测量量表能够发挥诊断作用,帮助已建成的老年大学综合评估在机构支持、教师支持、技术支持、学习内容、学习方法、学习评价、学习交互及时空适应 8 个方面的优势和劣势,从自身优势出发,基于研究构建的各要素相关系数层次关系图,确定特色的发展路径。

互联网时代老年大学不仅要给老年学习者提供高质量的教育,更要引领老年教育的发展,进一步树立积极老龄化的观念并将其落地;不仅为老年人提供必要的教学与服务,更要帮助老年人转变观念,认识到学习的价值及个人自身价值,形成开放包容的老年大学校园文化。贯彻与社区协同发展的办学理念,是建设开放联通的老年大学学习环境的必经之路,老年大学在机构支持方面需要关注老年学习者的学费资助及无障碍性,一定的学费资助能够减轻老年学习者的经济压力,激发学习动力,建设无障碍的物理空间环境和网络环境以促进老年终身学习。

二、加强师资技能促进培养,转变教师角色驱动寻径

在老年大学学习环境中,教师支持是十分重要的因素,专业的知识和能力是必不可少的,也显示出老年大学的高等教育性。专业知识包含了授课内容科学知识以及老龄化相关知识,尤其是老年群体的学习动机和学习风格,专业能力包括学习活动设计能力、活动实施能力,以及线上和线下混合式教学管理能力。互联网时代老年大学的教师不再是学习环境的中心者,而是网络的"塑造者"和"影响者",教师要通过角色转变,参与到老年大学学习者个人社会关系网络和知识网络的建构中,帮助老年学习者找到网络中有价值的节点。

老年大学学习环境中,教师支持是重要的因素,从学习环境建设角度来说,教师能促进老年大学学习环境社会性和精神性的建设,老年大学要完善机制,尽快建立从老年大学教师遴选及老年大学教师队伍专业化发展的良性机制,研究提出老年大学教师队伍建设建议,见图9-7。

老年大学在教师的遴选上要体现联通性和开放性原则,老年大学教师可以是专职教师,也可以是来自普通高校的兼职教师,可以是老年人自己,也可以是年轻人,互联网时代老年大学要重视老年学习者的价值,每一位老年学员都具有丰富的生活经验和阅历,是知识网络和社会关系网络中的重要节点,将分散在不同私人空间的老年人吸纳在一起,发挥老年学习者的专长为其他学习者提供学习资源、学习服务或其他帮助,搭建知识联通和社会关系联通的网

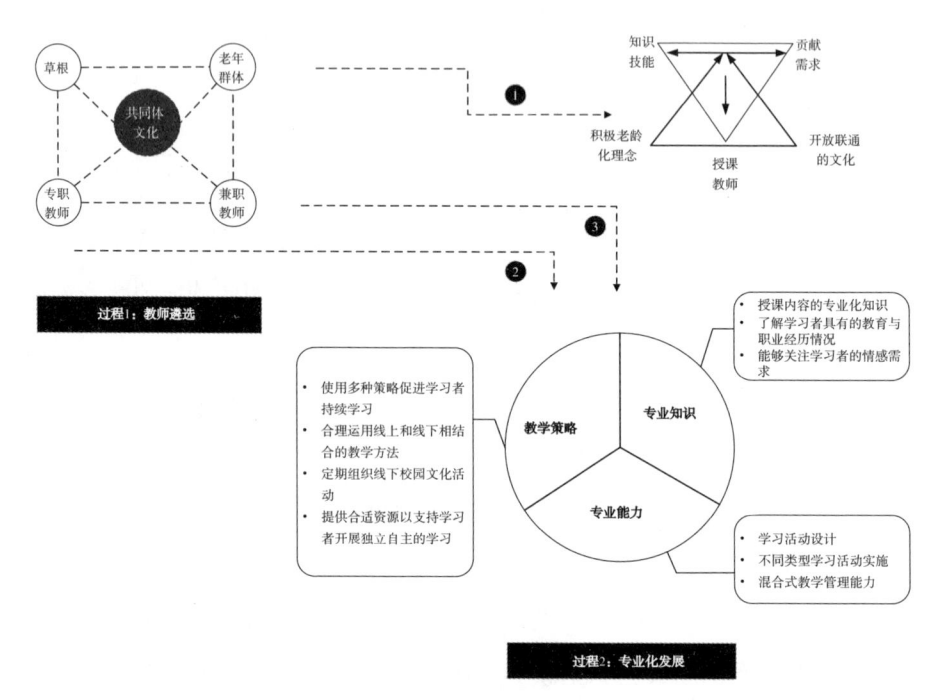

图 9-7　老年大学教师队伍建设路径

络,体现出"能者为师"。

老年大学要形成教师专业化发展路径,不断传递积极老龄化的理念及开放与联通的文化,内化成为教师专业发展的指南。教师的专业化发展要关注专业知识、专业能力及教学策略三方面,专业知识包含了授课内容科学知识以及老龄化相关知识,尤其是老年群体的学习动机和学习风格,专业能力包括学习活动设计能力、活动实施能力,以及线上和线下混合式教学管理能力。老年大学的教师不仅要与老年学习者建立良好的关系,更需要通过适当的策略,帮助学习者解决学习中的困难,引导学习者讨论和表达意见,找到与自己有相似背景、有共同爱好的学习同伴,增进同伴之间交流,促进知识网络流通。

三、发挥信息技术优势,增强老年群体学习体验

随着数字化、信息化的深入发展,网络化教学成为国际适老性高等教育的

第九章　互联网时代老年大学学习环境现状与发展策略

最主要模式。当老年人了解信息技术的易用性和有用性后,在成本可负担且带来满足感时,老年人对利用信息技术进行学习具有明确的需求,信息技术对老年人学习方式的转变成为重要趋势,我国《"十三五"国家老龄事业发展和养老体系建设规划》指出"利用信息技术提升养老服务的质量和效率"。2019年,中共中央、国务院印发《国家积极应对人口老龄化中长期规划》,明确提出"把技术创新作为积极应对人口老龄化的第一动力和战略支撑""提高老年服务科技化、信息化水平",老年大学要重视信息技术,推进信息技术应用逐渐成熟。研究从横向时间和纵向内容两个维度出发,提炼了互联网时代老年大学信息技术对学习成效的支撑建议,见图9-8。

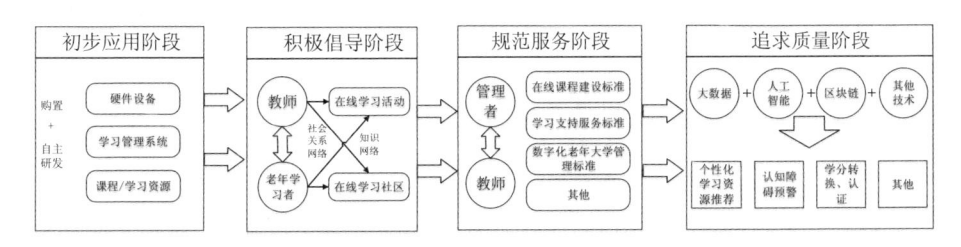

图9-8　老年大学技术支持发展建议

老年大学的信息技术与教育的融合可以按照四个阶段进行规划,分别是初步应用、积极倡导、规范服务、追求质量。

初步应用阶段:通过购买或自主研发的方式增加硬件设备、学习管理平台及相关学习资源,通过对管理者的访谈,我们发现老年大学当前还处于信息技术应用的初步阶段,尤其是部分老年大学刚刚启动购买设备和课程资源,在测量过程中也印证了老年大学软件和硬件的不足。

积极倡导阶段:倡导广大教师发挥信息技术的优势,打破固有的认为要完善线下教学和管理服务的认知,教师可以设计互动讨论、协作学习等学习活动,帮助老年人寻找到知识网络中有价值的节点;可以帮助老年人建立课程QQ群、微信群,形成线上学习社区,根据不同小组的进度差异,有针对性地辅导,增加老年学习者与教师、同伴之间的交流。

203

规范服务阶段:管理者与教师共同完善老年大学在学习支持服务、在线课程建设、校园管理等方面的标准,规范信息技术在老年大学中的运用,提高资源供给和服务供给的质量,支撑在线学习常态化发展,增强老年学习灵活性。

追求质量阶段:依托大数据、人工智能、区块链技术,为学习者推荐个性化学习资源,帮助学习者找到社会网络中有价值的信息和资源,基于区块链技术,将老年学习者在不同学习平台的学习成果进行累积。未来还可以利用人工智能技术,设计开发工具用于收集老年人在老年大学的学习数据,评估学习状态,提前预测老年人的认知障碍,筛查老年人学习的认知障碍,帮助老年学习者解决困难,改善学习体验。

老年大学一方面可以探索与多元社会机构合作,将一部分课程转为线上提供,减少老年大学学员线下学习时间,使得老年大学能够容纳更多的老年学生,最大限度地利用老年大学的实体资源,让更多的老年人受益;另一方面,可以通过有效采用大数据、人工智能、区块链技术,整合师资力量,组织建立老年线上线下相结合的学习社群,提供个性化的在线学习支持服务,例如可以帮助老年人建立课程QQ群、微信群等,根据不同小组的进度差异,有针对性地辅导,增加老年学习者与教师、同伴之间的交流,营造轻松愉快的学习氛围。

四、拓展学习内容门类,满足老年群体多元需求

互联网时代老年大学的学习内容要立足老年学习者多元需求,增设不同门类课程,拓展开放教育资源,例如为老年人开设咨询课程,帮助老年人掌握咨询的技巧,减少代际鸿沟;通过开设创业课程,让老年人把自己一生的手艺传递给年轻人;通过心理学课程,帮助老年人和年轻人实现有效的交流和相互理解;通过财务规划,助力老年人做好财务管理和保障财务安全;开设一些手工类课程,如陶艺、风筝制作、葫芦烫画、编织等,能够帮助老年人掌握一项技能,增加老年人学习的自信心。学习内容的选择在保证具有较高的科学性和准确性、时效性的基础上,也需要与学习目标保持一致性。

五、探索学习方法创新,联通社会关系知识网络

互联网时代老年大学要为学习者搭建知识联通和社会关系联通的网络,而不是单纯依靠教师个人去讲授知识,要体现出"能者为师"。每一位老年学员都具有丰富的生活经验和阅历,是知识网络和社会关系网络中的重要节点,将分散在不同私人空间的老年人吸纳在一起,形成不同兴趣的交往圈子,鼓励老年人以主体的身份参与,根据自己的专长为其他同学提供学习资源、学习服务或其他帮助。教师可以设计互动讨论、协作学习等活动,帮助老年人寻找到知识网络中有价值的节点。

六、重视老年学习成效,开展成效为本评价设计

教学模式是指在一定思想或者理论指导下,在实践中建立起来的围绕完成特定目标所形成的稳定而简明的操作性方案。目前老年大学尚未形成一定的教学模式,研究提出成效为本的老年大学教学模式,见图9-9。

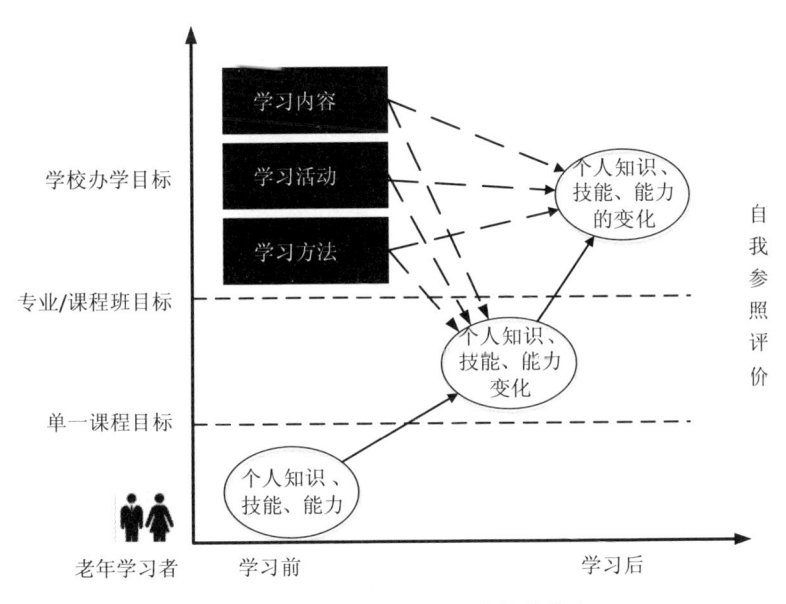

图9-9 成效为本老年大学教学模式

老年大学的学习环境设计中,首先需要理清老年大学的定位和目标,确定老年大学的目标,以清晰、可测量的语言传递给管理者、教师及老年学习者,形成老年大学自身的文化特征,其次是确定不同专业或课程班的成效目标,再次是确定每个课程的成效目标,成效目标是明确且可达成的。

老年大学围绕学习目标确定学习内容,霍里(Hori,2018)以日本大阪老年学院和韩国联邦高级福利中心为例,考察年龄差异带来的教育内容需求差异,研究发现随着年龄增加,两国老年人对"生命回顾"和"人际交流"内容更感兴趣。60—70岁老年人,教育需求内容经历三阶段变化,即由获取新知识技能的"新奇"阶段转变为继续发展擅长内容的"连续"阶段,再转变为只想与少数人互动交流的"脱离"阶段,老年教育课程内容的设计既要考虑到课程主题的与时俱进,又要兼顾教育对象的年龄变化特性。

老年大学通过适合采用自主学习、合作学习、联通学习的方法,设计相关学习活动,支撑学习成效目标的达成。重视老年大学的学习评价,并开展以成效为本的学习评价设计,采用作品展示、汇报、自我评价、在线学习参与度等方式,综合判断老年学习者的参与情况、个人贡献情况,形成学习活动的闭环。

通过研究发现,老年大学学员自身并不重视学习评价,他们通常将分数与评价关联起来,选择忽略评价以减少自身学习压力。对于任何一个教育组织机构而言,学习评价都是学习的闭环,值得引起重视,针对老年学习者的特点,在老年大学的学习环境中需要开展以成效为本的学习评价,立足于老年学习者个人的学习成效目标,关注学习者自身的学习过程及能力增值,开发相应的学习资源,设计学习活动,以帮助学习者达成学习成效的目标。

七、建立协同机制,整合优质资源创新服务模式改革

以互联网为核心的信息技术推动了教育供给服务主体和服务模式的变革,老年大学既要努力增强自身内部办学活力,也要跨越组织体系,拓展社会

合作,成为社区教育的中坚力量。研究提出老年大学合作发展的体系建议,如图 9-10 所示。

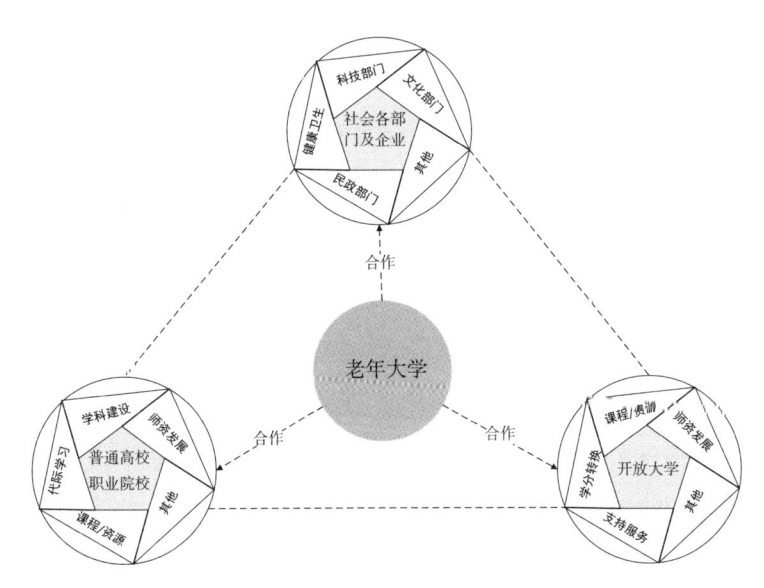

图 9-10 互联网时代老年大学多元合作体系

第一方面与科教文卫体等政府部门合作。《老年教育发展规划(2016—2020 年)》强调:老年教育要"整合社会资源、激发社会活力,提升老年教育现代化水平"①,老年大学要以开阔的视野,广泛地与各部门开展合作,将老年大学发展成为社区老年教育公共服务体系。及时传达科教文卫体部门的最新文件、通知,普及相关教育知识,将老年大学作为实践基地,合作开展相关资源建设,使得来到老年大学就能够获得最新信息和学习资源。

第二方面与普通高校或职业院校合作。尽管国内已有一些关于高等学校服务老龄化社会的研究与实践活动,例如高校图书馆向老年人开放(孟繁晶等,2020),高校将一些课程送进社区,如手工艺课程、体育课程等(高

---

① 教育部:《国务院办公厅关于印发老年教育发展规划(2016—2020 年)的通知》,2016 年 10 月 5 日,见 http://www.moe.gov.cn/jyb_xxgk/moe_1777/moe_1778/201610/t20161019_285590.html。

翔宇,2019;郭家振,2016),组织一些年轻学生为老年人开展志愿服务活动,开展代际学习,但是大多以一次性为主,缺乏系统性、持续性和互惠性的设计与推广(王国光和庞学光,2020),老年大学与高校之间的合作可以在学科建设、师资发展、代际学习、课程/资源等方面形成机制。(1)在学科建设方面,普通高校发挥科研优势,鼓励教师和年轻学生开展多元化、跨学科的老年教育合作研究,关注老年教育的基础规律研究,如老年学习意愿、行为、学习习惯等,加深对老年学习环境建设研究及老年教育政策研究,促进老年教育学科建设。(2)在课程/资源方面,普通高校可以与老年大学合作,开设一些咨询课程、心理学课程、财务管理类课程等,帮助老年人疏解心理问题,理解生命意义,做好财务管理,促进代际沟通,减少代际鸿沟,一些有条件的职业院校,可以为老年人开设家政服务、园艺花卉、传统工艺等课程,帮助老年人掌握一项技能,增加老年人学习的自信心。(3)在代际学习方面,老年大学可以与普通高校或职业院校开展合作,以项目的形式增加老年人与年轻学生之间的对话,例如可以要求老年人对年轻人进行社会主义、爱国主义、集体主义教育和艰苦奋斗等优良传统教育,不仅能够利用老年人的智慧与经验,也使得年轻人有机会与年长者聚在一起,认识到人寿红利及年龄多样化带来的社会价值,促进代际互动,缓解社会矛盾,促进和谐社会的建设。(4)在师资发展方面,老年大学一方面可以与普通高校或职业院校建立老年教育研究中心,指导老年师资队伍发展,同时鼓励普通高校教师,发挥特长,加入老年大学的师资队伍,为老年学习者带来高质量的艺术教育、文学教育等。

第三方面与开放大学合作。我国开放大学具有开放灵活、资源整合、丰富在线教学经验的优势,老年大学可以与开放大学合作。(1)课程/资源方面,老年大学的一部分课程由开放大学线上提供,减少老年大学学员线下学习时间,使得老年大学能够容纳更多的老年学生,最大限度地利用老年大学的实体资源,让更多的老年人受益;(2)支持服务方面,开放大学有系统化办学优势,分布各区县,能够提供线下教学点,也可以有效采用大数据、人工智能、区块链技术,整合师资力量,组织建设老年线上线下相结合的学习社群,提供个性化的在线学习支持服务,建设轻松愉快的网络学习环境;(3)师资队伍方面,老年大学与开放大学进行合作,面向老年教育的从业人员,采用线上学习和线下实训结合的教学模式,开设包括职业技能等级证书、本科文凭、研究生文凭等课程或培训,从根本上解决我国老年教育的人才缺乏和科学发展的问题;(4)学分转换方面,当前各省份的学分银行主要落户于开放大学,老年人在一生中参与了大量的培训,在工作岗位上积累了丰富的知识和经验,在资历框架下通过学习成果认证,可以转化为相应的资历学分,作为部分学分减免的依据,减少老年人的重复学习,鼓励终身学习。

已有研究表明,代际学习不仅能帮助老年人更好地融入社会,而且有利于促进老年人智慧和能力的贡献,老年大学一方面可以加强与社区合作,组织老年学习者积极参与社区的活动,提高社区活力;另一方面老年大学可以探索与普通高校和开放大学合作,发挥高校的科研优势,鼓励与教师和年轻学生开展多元化、跨学科的老年教育合作研究,高校还可以充分利用学生的优势,鼓励学生深入社区为老年人提供服务,例如,为老年人提供一对一的智能技术应用指导服务,减少代际鸿沟,构建全民学习及和谐健康的终身学习社会。

八、立足学习制度完善,提升老年学习时空适应

老年大学要进一步完善休制机制建设,提升老年学习的时空灵活性,为老年学习者提供预约上课或考核的机制,根据需要将部分教学转为线上形式,更好地适应老年学习者需求,同时建议基于学分银行管理系统,将老年学员过往学习获得的证书或资历转化为学分,根据学分提供物质奖励或颁发相应的资历证书。

小 结

通过大规模的调查分析,发现老年大学学习环境整体评分处于中等或者中上,老年大学学习环境机构支持维度评价最高,时空适应维度评价最低。调查的6所老年大学分布在东、中、西部地区,从总体评分来看,相对得分率为75.86%,显示出我国老年大学学习环境实践整体状况与调查指标较为一致,这与国家和各地方政府对老年教育的重视分不开。近年来,在国家一系列终身教育、老年教育等政策文件指引下,各地纷纷出台了省级政府层面的老年教育政策文件,例如在2018年成都市政府印发了《关于加快老年教育发展的实施意见》,2019年北京市政府印发了《关于加快发展老年教育的实施意见》,2020年安徽省教育厅联合安徽省委老干部局印发了《关于进一步加强全省基层老年教育工作的若干意见》等,各个省级政府层面关于老年教育发展意见的出台,体现出各省政府对老年教育的重视程度逐渐加深,指导文件立足于当地社会人口结构和教育水平,指导老年教育发展形成整体规划,不仅增强人们对于老年教育的认识,更推动了老年教育和老年大学的发展。

研究结果反映老年大学学习环境存在的问题,主要有以下8个方面:(1)老年大学具有积极老龄化的办学理念,但在保障物理空间和网络空间学习无障碍性方面需要改进;(2)教师具有较强的专业知识和专业能力,但在促进老年学习者建立社会联结和知识联结方面的策略不足;(3)老年大学具有基本的软硬件条件,但信息技术应用水平尚难支撑在线学习的常态化;(4)学习内容能够满足学习者提高生活质量的需求,但内容的规范化和体系化需加强;(5)自主学习和合作学习是主要学习方法,但在促进联通学习方面需要关注;(6)具有多元化的学习评价主体和形式,但评价理念需向成效为本的标准评价转变;(7)老年大学形成了与社区的互动局面,但缺乏志愿服务和服务社区的思想引导;(8)老年大学具有一定的时空适应性,但在机制灵活方面有显著的提升空间。

参考文献

白炳贵、姚艳蓉:《积极老龄化背景下新西兰老年教育研究》,《终身教育研究》2020年第2期。

陈波、宋诗雨:《虚拟文化空间生产及其维度设计研究——基于列斐伏尔"空间生产"理论》,《山东大学学报(哲学社会科学版)》2021年第1期。

陈丽、逯行、郑勤华:《"互联网+教育"的知识观:知识回归与知识进化》,《中国远程教育》2019年第7期。

陈伦菊、金琦钦、盛群力:《设计创新性学习环境——OECD"7+3"学习环境框架及启示》,《开放教育研究》2018年第5期。

陈琦、张建伟:《信息时代的整合性学习模型——信息技术整合于教学的生态观诠释》,《北京大学教育评论》2003年第3期。

程仙平:《老年教育公共服务体系的构建逻辑与图景——基于新公共服务理论视角》,《河北师范大学学报(教育科学版)》2019年第4期。

丁哲学:《老年大学发展现状、问题及对策——以黑龙江省为例》,《现代远距离教育》2017年第4期。

傅蕾、吴思孝、程仙平:《老年教育政策价值研究:基于政策文本的审视》,《现代教育管理》2018年第4期。

付强、辛晓玲:《空间社会学视域下的学校教育空间生产》,《山东社会科学》2019年第4期。

郏海霞、李莹:《世界一流大学的使命特征研究——基于20所世界一流大学使命文本的分析》,《中国高校科技》2020年第10期。

黄琳、陈乃林:《关于近十年社区老年教育研究文献综述——中国社区老年教育领域前沿视点评析》,《职教论坛》2017年第9期。

黄荣怀、杨俊锋、胡永斌:《从数字学习环境到智慧学习环境——学习环境的变革与趋势》,《开放教育研究》2012年第1期。

金丽霞、许玲:《江苏省终身教育体系构建的主要特征概述》,《江苏开放大学学报》2016年第1期。

景圣琪、高洪波、马素萍:《老年教育"养教"结合游学项目实施路径研究》,《南京广播电视大学学报》2018年第2期。

李琦、王颖:《老年教育的供需矛盾及解决机制——国际经验与本土思考》,《云南民族大学学报(哲学社会科学版)》2019年第6期。

李爽、鲍婷婷、王双:《"互联网+教育"的学习空间观:联通与融合》,《电化教育研究》2020年第2期。

李伟、寒梅:《基于"积极老龄化"理念下的城市适老空间设计探究》,《建筑学报》2014年第11期。

李小云:《国外老年友好社区研究进展述评》,《城市发展研究》2019年第7期。

李志义、朱泓、刘志军、夏远景:《用成果导向教育理念引导高等工程教育教学改革》,《高等工程教育研究》2014年第2期。

林聚任、申丛丛:《后现代理论与社会空间理论的耦合和创新》,《社会学评论》2019年第5期。

刘丽艳、马云鹏、刘永兵:《西方课堂环境测量工具研究述评》,《外国教育研究》2009年第5期。

卢德生、陈雅婷:《人口老龄化背景下的老年教育:国际经验与启示》,《中国成人教育》2017年第7期。

卢方、尹学松、张吉先:《开放大学视域下的无缝学习环境设计》,《远程教育杂志》2016年第2期。

罗志强:《中外老年教育目的观:回顾与反思》,《当代继续教育》2017年第4期。

吕文娟:《我国老年人学习活动参与和成功老龄化关系研究》,《河北师范大学学报(教育科学版)》2016年第6期。

马丽华、叶忠海:《中国老年教育的嬗变逻辑与未来走向》,《南京社会科学》2018年第9期。

马丽华:《我国老年教育转型发展:理论重构与策略选择》,《教育发展研究》2020年第17期。

毛建茹:《人力资源开发:老年教育的一项重要使命》,《河北师范大学学报(教育科学版)》2017年第1期。

孟繁晶、于晓梅、郭晨晨:《面向老龄读者的高校图书馆服务研究》,《黑龙江教师发展学院学报》2020年第8期。

欧阳忠明、葛晓彤:《澳大利亚第三年龄大学发展的个案研究》,《中国职业技术教育》2019年第3期。

乔爱玲:《基于成效教学理论的教师在线学习活动探究》,《中国远程教育》2009年第9期。

桑宁霞、高迪:《中国老年教育从边缘走向中心》,《中国成人教育》2018年第15期。

宋广文、王静:《促进"积极老龄化"的战略思考——加强社区老年大学的建设》,《战略决策研究》2010年第2期。

孙全胜:《论马克思"空间生产"的理论形态》,《上海师范大学学报(哲学社会科学版)》2020年第3期。

王国光、庞学光:《"互联网+"时代的代际学习项目发展:欧洲经验与中国图景》,《中国远程教育》2020年第4期。

王牧华、宋莉:《当代学习环境研究的转向及启示》,《课程·教材·教法》2018年第1期。

王舒、胡勇、余棣棣、徐辉:《国企离退休人员"老年大学"式教育管理模式转型升级的SWOT分析——以苏电老年大学为例》,《企业改革与管理》2019年第24期。

王捉、张永:《老年大学课堂教学评估研究:以E老年大学心理健康课程为例》,《当代继续教育》2019年第4期。

王正东、琚向红:《老年人参与社区教育影响因素的实证研究》,《中国远程教育》2016年第5期。

王志军、陈丽:《联通主义学习理论及其最新进展》,《开放教育研究》2014年第5期。

王志军、刘璐、杨阳:《联通主义学习行为分析方法体系研究》,《开放教育研究》2019年第4期。

王柱国、徐锦培:《如何使老年开放教育更具吸引力——日本放送大学对我国老年开放大学办学的启示》,《中国远程教育》2020年第6期。

吴结:《关于老年教育发展成效标准研究》,《广州城市职业学院学报》2019年第3期。

项国雄、赖晓云:《活动理论及其对学习环境设计的影响》,《电化教育研究》2005年第6期。

吴南中、丁翠娟、刘新国：《行业资历框架建设：制度设计、建设流程与运行保障》，《成人教育》2020 年第 9 期。

吴思孝：《我国老年教育的历史追溯与未来展望——基于政策发展视角》，《成人教育》2019 年第 6 期。

吴群志：《吉林省老年大学教学质量评价与监控体系研究》，《吉林省教育学院学报》2017 年第 1 期。

吴遵民：《关于完善现代国民教育体系和构建终身教育体系的研究》，《中国教育学刊》2004 年第 11 期。

徐博闻：《社区老年教育课程建设研究》，《继续教育》2018 年第 10 期。

许竞、李雅慧：《我国老年教育供给与中高龄人群学习需求匹配状况调查——基于部分省市抽样数据》，《现代远程教育研究》2016 年第 6 期。

徐旭东、杨淑珺：《新时期老年教育特点与体系构建的思考》，《职教论坛》2020 年第 1 期。

杨开城：《建构主义学习环境的设计原则》，《中国电化教育》2000 年第 4 期。

杨庆芳、邬沧萍：《老年教育是中国积极应对人口老龄化不可或缺的》，《兰州学刊》2014 年第 1 期。

杨现民、余胜泉：《生态学视角下的泛在学习环境设计》，《教育研究》2013 年第 3 期。

杨志和：《台湾高龄教育的先驱——高雄市长青学苑的起源与发展》，《高雄师大学报：教育与社会科学类》2010 年第 29 期。

叶忠海：《老年教育若干基本理论问题》，《现代远程教育研究》2013 年第 6 期。

于一凡、隋鑫：《公平视域下的养老服务设施空间布局评价——基于上海市老年教育设施的实证研究》，《社会政策研究》2018 年第 1 期。

岳瑛：《天津市老年教育"十二五"期间的发展成果与面临形势和存在问题》，《天津市教科院学报》2015 年第 1 期。

岳瑛：《老年大学课程设置的探讨》，《中国老年学杂志》2011 年第 20 期。

张春华、于舒洋：《我国老年教育研究发展态势可视化分析》，《现代远距离教育》2019 年第 1 期。

章玳：《香港高校基于成效为本的课程改革与启示》，《现代远程教育研究》2014 年第 1 期。

张娜：《中国老年大学的现状及反思》，《高等函授学报（哲学社会科学版）》2011 年第 11 期。

张伟远:《国家资历框架的理论基础和模式建构》,《中国职业技术教育》2019 年第18 期。

赵炬明:《助力学习:学习环境与教育技术——美国"以学生为中心"的本科教学改革研究之四》,《高等工程教育研究》2019 年第 2 期。

赵瑞军、陈向东:《空间转向中的场所感:面向未来的学习空间研究新视角》,《远程教育杂志》2019 年第 5 期。

赵莹:《老龄化背景下老年大学招生制度改革初探》,《佳木斯职业学院学报》2018 年第 7 期。

郑炜君、李沅栋:《改革开放以来中国老年教育政策变迁及特征分析》,《当代继续教育》2020 年第 1 期。

钟启泉:《学习环境设计:框架与课题》,《教育研究》2015 年第 1 期。

钟志贤:《面向知识时代的教学设计框架》,《电化教育研究》2004 年第 10 期。

钟志贤:《论学习环境设计》,《电化教育研究》2005 年第 7 期。

朱素芬、陈千帆:《老年教育供给现状及未来进路——以温州为例》,《成人教育》2018 年第 12 期。

朱晓雯、吴遵民:《老龄化背景下国际适老性高等教育的发展特征及启示》,《成人教育》2019 年第 2 期。

Aldridge J.M., Dorman J.P.& Fraser B.J., "Use of Multitrait-Multimethod Modelling to Validate Actual and Preferred Forms of the Technology-Rich Outcomes-Focused Learning Environment Inventory (TROFLEI)", *Australian Journal of Educational & Developmental Psychology*, 2004, No.4, pp.110-125.

Andreoletti C & June A., "Coalition Building to Create An Age-Friendly University (AFU)", *Gerontology & Geriatrics Education*, 2019, No.2, pp.142-152.

Ardelt M., "Intellectual Versus Wisdom-related Knowledge: The Case for A Different Kind of Learning in the Later Years of Life", *Educational Gerontology*, 2000, No.8, pp.771-789.

Boulton-Lewis, G. M., &Buys, L., "Learning Choices, Older Australians and Active Ageing", *Educational Gerontology*, 2015, Vol.41, No.11. pp.757-766.

Chang H.Y., Wang C.Y., Lee M.H., et al., "A review of Features of Technology-supported Learning Environments Based on Participants' perceptions", *Computers in Human Behavior*, 2015, Vol.53, pp.223-237.

Chen L.K., Kim Y.S., Moon P., et al., "A Review and Critique of the Portrayal of Older

Adult Learners in Adult Education Journals,1980-2006",Adult Education Quarterly,2008, Vol.59,No.01,pp.3-21.

Chesser S., Porter M., "Charting A Future for Canada's First Age-Friendly University (AFU)",Gerontology & Geriatrics Education,2019,Vol.40,No.2,pp.153-165.

Clark P.G., Leedahl S.N., "Becoming and Being An Age-Friendly University(AFU): Strategic Considerations and Practical Implications", Gerontology & Geriatrics Education, 2019,Vol.40,No.2,pp.166-178.

De Maio Nascimento M., Giannouli E., "Active Aging Through the University of the Third Age:the Brazilian Model",Educational Gerontology,2019,Vol.45,No.1,pp.11-21.

De Kock A., Sleegers P., Voeten M.J.M., "New Learning and the Classification of Learning Environments in Secondary Education",Review of Educational Research,2004,Vol. 74,No.2,pp.141-170.

Dorman J.P., "Cross-national Validation of the What Is Happening In this Class? (WIHIC) Questionnaire Using Confirmatory Factor Analysis", Learning Environments Research,2003,Vol.6,No.3,pp.231-245.

Groombridge B., "Laughter on the campus:The Tenth Anniversary of the Founding of Britain's University of the Third Age",Education,1992,Vol.179,No.15.p.10.

Formosa M., "Education and Older Adults at the University of the Third Age", Educational Gerontology,2012,Vol.38,No.2,pp.114-126.

Formosa M., "Four Decades of Universities of the Third Age:Past, Present, Futur", Ageing and Society,2014,Vol.34,No.1,p.42.

Huang C.S., "The University of the Third Age in the UK:An Interpretive and Critical Study",Educational Gerontology,2006,Vol.32,No.10,pp.825-842.

Hwang G.J., "Definition, Framework and Research Issues of Smart Learning environments-a context-aware Ubiquitous Learning Perspective", Smart Learning Environments,2014,Vol.1,No.1,pp.1-14.

Jin,B., Kim,J., & Baumgartner,L.M., "Informal Learning of Older Adults in Using Mobile Devices:A Review of the Literature",Adult Education Quarterly,2019,Vol.69,No.2, pp.120-141.

Iwamasa G.Y., Iwasaki M., "A New Multidimensional Model of Successful Aging: Perceptions of Japanese American older adults",Journal of Cross-cultural Gerontology,2011, Vol.26,No.3,pp.261-278.

参考文献

Jegede O.J., Fraser B., Curtin D.F., "The Development and Validation of A Distance and Open learning environment scale", *Educational Technology Research and Development*, 1995, Vol.43, No.1, pp.89-94.

Knapp M.R.J., "The Activity Theory of Aging an Examination in the English Context", *The Gerontologist*, 1977, Vol.17, No.6, pp.553-559.

Lee Y.H., "Leadership of Older Adults' Service Learning in Taiwan: A Qualitative Study", *Educational Gerontology*, 2018, Vol.44, No.11, pp.701-711.

Montepare J.M., Farah K.S., Doyle A., et al., "Becoming An Age-Friendly University (AFU): Integrating A Retirement Community on Campus", *Gerontology & Geriatrics education*, 2019, Vol.40, No.2, pp.179-193.

Newhouse C.P., "Development and Use of An Instrument for Computer-supported Learning Environments", *Learning Environments Research*, 2001, Vol.4, No.2, pp.115-138.

Pstross M., Corrigan T., Knopf R.C., et al., "The Benefits of Intergenerational Learning in Higher Education: Lessons Learned from Two Age Friendly University Programs", *Innovative Higher Education*, 2017, Vol.42, No.2, pp.157-171.

Radcliffe D., "Third Age Education: Questions that Need Asking", *Educational Gerontology: An International Quarterly*, 1982, Vol.8, No.4, pp.311-323.

Ricardo R., Porcarelli A., "Education and Socialisation in Later Life: The Case of A University of Third Age in Portugal", *European Journal for Research on the Education and Learning of Adults*, 2019, Vol.10, No.3, pp.247-260.

Ratana-Ubol A., Richards C., "Third Age Learning: Adapting the Idea to A Thailand Context of Lifelong Learning", *International Journal of Lifelong Education*, 2016, Vol.35, No. pp.86-101.

Stanley J.T., Morrison L.B., Webster B.A., et al., "An Age-Friendly University (AFU) Assists with Technology Learning and Social Engagement Among Older Adults and Individuals with Developmental Disabilities", *Gerontology & Geriatrics Education*, 2019, Vol.40, No.2, pp.261-275.

Swindell R., "U3A online: A Virtual University of the Third Age for Isolated Older People", *International Journal of Lifelong Education*, 2002, Vol.21, No.5, pp.414-429.

Talmage C.A., Lacher R.G., Pstross M., et al., "Captivating Lifelong Learners in the Third Age: Lessons Learned from A University-based Institute", *Adult Education Quarterly*, 2015, Vol.65, No.3, pp.232-249.

附件　互联网时代老年大学学习环境测量量表使用指南

互联网时代老年大学学习环境测量量表使用指南

在实践中,每所老年大学所处的发展阶段不同,办学层次不同,办学目标和办学形式不同,并不要求老年大学都发展一致,"互联网时代老年大学学习环境测量量表"的制定是为已有的老年大学提供学习环境诊断性工具,帮助老年大学发现自身的优势和不足,促进未来发展;也为计划中建设的老年大学提供学习环境设计思路,推进我国老年大学的建设和可持续发展。

任何计划使用该量表的机构在正式测量前应仔细阅读以下说明。

一、量表的实施

1. 量表为教育行政部门主管的老年大学而设计,对象为老年大学的学员,为了保障测量效果,建议至少选择在老年大学学习超过 3 个月的老年大学学员作为测量对象。

2. 测量的过程是基于在线测量平台,为了更好地参与测量工作,建议机构对相关教师进行培训和指导。

3.在正式测量之前,要填写一些关于老年大学的机构信息,建议机构要明确告知老年学员所在的课程班级及班级人数。

4.在正式测量之前,要填写一些老年学员的个人基本信息,建议提醒老年学员全部填妥。

5.正式测量的问题项目,是根据老年大学当前的实践进行的评估,而非未来的计划。

6.根据题目数量,评估作答时间大约为30分钟。

二、量表的评分方式

1.指标内容与老年学员实践观察、体验到的情况使用数字从5到1表示(5表示"非常一致",4表示"一致",3表示"中立",2表示"不一致",1表示"非常不一致")。

2.老年大学在各个维度和各个指标上的得分采用计算平均分的方式。

3.基本常模数据如下表所示。

维度	平均数	标准差
机构支持	4.07	1.113
教师支持	4.07	1.103
技术支持	3.85	1.104
学习内容	4.09	1.122
学习方法	3.76	1.103
学习评价	3.65	1.143
学习交互	3.79	1.152
时空适应	3.46	1.129
总体	4.07	1.113

(该常模更新日期为2021年3月30日)

4.常模更新情况说明:基于在线测量平台开展测量以后,平台具有自动更新常模的功能,在使用过程中可以与北京师范大学首都学习型社会研究院联系,以获取最新常模数据。

三、部分术语解释

1. 教师:本量表中提及的教师是指授课教师,包括专职教师或兼职教师,而非课程的管理人员。

2. 在线学习平台:量表中提及的在线学习平台是指老年大学自身拥有版权,提供了一定量的学习资源,具有数据管理权限的平台。

责任编辑:张　燕
封面设计:胡欣欣
责任校对:史伟伟

图书在版编目(CIP)数据

互联网时代老年大学学习环境构建与评估/许玲,张伟远 著. —北京：
人民出版社,2022.12
ISBN 978-7-01-024898-1

Ⅰ.①互… Ⅱ.①许…②张… Ⅲ.①老年教育-研究 Ⅳ.①G777

中国版本图书馆 CIP 数据核字(2022)第 144814 号

互联网时代老年大学学习环境构建与评估
HULIANWANG SHIDAI LAONIAN DAXUE XUEXI HUANJING GOUJIAN YU PINGGU

许　玲　张伟远　著

人民出版社出版发行
(100706　北京市东城区隆福寺街99号)

中煤(北京)印务有限公司印刷　新华书店经销
2022年12月第1版　2022年12月北京第1次印刷
开本:710毫米×1000毫米 1/16　印张:14.5
字数:230千字

ISBN 978-7-01-024898-1　定价:62.00元

邮购地址 100706　北京市东城区隆福寺街99号
人民东方图书销售中心　电话 (010)65250042　65289539

版权所有·侵权必究
凡购买本社图书,如有印制质量问题,我社负责调换。
服务电话:(010)65250042

N